国防大学出版社
guofangdaxuechubanshe

思想的印痕

思想的印痕

刘兴亮 著

国防大学出版社

图书在版编目（CIP）数据

思想的印痕/刘兴亮著. ——北京：国防大学出版社，2010.4

ISBN 978-7-5626-1788-4

Ⅰ.①思… Ⅱ.①刘… Ⅲ.①社会科学—文集 Ⅳ.①C53

中国版本图书馆CIP数据核字（2010）第037667号

书　　名：思想的印痕

作　　者：刘兴亮
责任编辑：林能纯
封面设计：闫可钦
题　　字：李洪海
出版发行：国防大学出版社
社　　址：北京市海淀区红山口甲3号　　邮编：100091
电　　话：86-10-66772039
印　　刷：吉林省委机关印刷厂
开　　本：787毫米×1092毫米　1/16
字　　数：210千字
印　　张：21.375
版　　次：2011年3月第1版第1次印刷
书　　号：ISBN 978-7-5626-1788-4
定　　价：58.00元

思考是军人的责任

为别人的书写序，从来并非易事。

现在，刘兴亮同志这本《思想的印痕》放在面前。

书中涉及内容广泛。有作者的工作体会及感受，有他熟悉的政治工作和领导科学方面内容，还有并非作者专业的国际政治和国际战略问题的探讨。严格地说，文中的认识和见解并没有十全十美到无懈可击，思辨也未达到百分之百严丝合缝的地步。最能体现作者价值的，是其之思考，用自己的头脑，认认真真的思考。

我们正在处于一个前所未有的剧烈变化的世界和剧烈变化的社会之中。社会组织越来越严密，社会分工越来越细致，社会生活越来越丰富多彩。在“自然人”向“社会人”过渡这一历史进程中，各种因素都在迫使人们越来越注重眼前之物、周围之物、社会之物，越来越容易忘记抬头仰望浩瀚的星空。渐渐地，对包括整个自然在内的社会总体的思索被忽略了，从而在千变万化的社会进程中，潜移默化地迷失掉了自我。

兴亮同志通过这本书，通过对多种问题的思索，努力在摆脱这种迷失。

他起了个很好的题目：《思想的印痕》。

这使我想起三句话。

第一句是：分工体现人的社会角色，人应该比分工强，因为人还有超越分工的责任。

第二句是：谁把思想局限于现在，谁就不能真正了解当今的现实。

第三句是：知识永远是相通的，只不过被人为地划出了界限而已。

这就是“我思故我在”——一个思考者的最大价值。

这就是为什么越繁忙、越烦恼，我们越要保持仰望星空的习惯。

一个好的思考者是必然有情的。一个只爱自己、只关心自己的人，其思想永远摆脱不了个人狭小的藩篱。一个好的思考者必然是有心的，善于在别人忽略处细心观察，在别人倦怠时反复体验，在别人玩耍时提炼与聚积。一个好的思考者又必然是有志的，敢于迎难而上、直面挑战，分析别人回避的矛盾，破解别人难解的命题。正是在这个意义上，我们说学会思考，善于思考，对新世纪军事变革进程中的中国军人来说，既是一种能力，更是一种责任。

思想解放，是我们提出了多少年的口号，今天依然是我们的任务。

刘亚洲将军说：思想要解放，首先要有思想。

思考，是思想的前提。

兴亮同志这本书给我们的最大启示，就是每一个人都可以做一个有情、有心、有志的思考者。

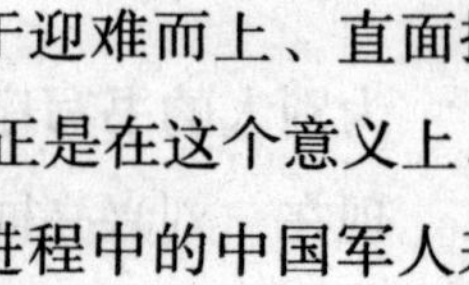

2011年1月31日于北京

目录 CONTENTS

思想的印痕

卷一

国际战略思索

信息高速路，使世界各国各地区缩小了“时空差”，形成密切联系的“地球村”。人们的思想理念、关注视野、交往方式等，也必须与时俱进，培育战略眼光，放眼国际视野，善于站在高山之巅纵览国际风云，对于赢得发展机遇，应对各种挑战都是必需的。

新安全观对新世纪国际安全的影响

核心提示： 伴随21世纪的脚步向世人走来，一个清新的理念和关键词跳入人们视野——新安全观。这种新思维能否打破长期滞留在人们头脑中的以军事威慑为主导的“冷战思维”，是否触摸到了时代发展的脉搏，新的“游戏规则”能否形成国际社会的共识，其影响力如何？无疑将成为人们关注的新的热点。

随着美苏两极对抗格局的解体，世界向多极化发展的趋势促使人们的国际安全理念发生了深刻的变化。与冷战时期截然不同的新的安全观，使大国关系呈现相互竞争与借重、制约与合作并存的态势，给国际安全环境的改善和人类的发展进步带来新的机遇。

然而，被冷战掩盖的各种矛盾也日益凸现，国际军控与核裁军进程阻力重重，民族、宗教、领土、资源等因素引发的局部战争和武力冲突此起彼伏，毒品走私、非法移民、环境污染、疾病蔓延、跨国犯罪等全球性问题日益突出。新世纪国际社会的安全，更为世人所瞩目，新安全观将对国际安全带来怎样的影响，自然成为国际社会关注的新的重要课题。

一、新安全观产生的时代背景及历史必然性

安全观是指一国对维护国家安全的一般看法和观点，是“一个国家对其自身安全利益及其在国际上所应承担的义务和所应享受的权利的认知，是对其所处安全环境的判断，同时，也是对其准备应对威胁与挑战所要采取的措施的政策宣示”[①]。简言之，安全观就是对所处安全环境的认识，是指导具体的安全政策的理论和思想。新安全观是相对传统安全观而言的。传统的安全观认为，国际政治是处在无政府状态下和权力的争夺中，国家是否安全主要看国家的军事实力，只要军事实力能与对方抗衡或具有威慑力，国家就有安全感，否则，就认为受到某种威胁。这种安全观的显著特点是以制约和压倒对方为基础。“冷战思维”是一种典型的传统安全观。冷战期间，美国建立了针对苏联的冷战体制，以美国为首的资本主义阵营对以苏联为首的社会主

①《世界经济与政治》，2001年第3期，30页。

义阵营进行全面遏制，其主要手段是军事包围、经济封锁和政治对抗。战后40多年里，两大阵营在政治、经济、军事、外交和意识形态等领域进行的对抗，尽管是综合的对抗，但威胁国家安全的核心因素是军事对抗，国家具有安全感的前提是军事力量强于对手，这就使得各方都把追求军事力量最大化作为维护国家安全的主要手段。因此，冷战结束以前国家安全的概念其核心主要是指国家的军事安全。在这种理论指导下，国家安全防御政策主要表现为军事实力的竞争。其结果是各国都在增强自己的军事实力，而国际和平却越来越缺乏保障。世界大多数国家几乎都在以无限地发展军备来确保自己的安全。到头来，各国几乎都陷入严重的不安全状态之中。

新安全观是伴随对传统安全观的反思、批判以及扬弃过程中产生的。其主要观点是：在两极解体，世界进入多极化发展趋势的新的历史时期，国际安全问题已经不是单一的政治军事安全，而是包括经济、金融、贸易、信息、文化、环境等一系列问题在内的综合安全；许多问题用传统的观念和方法去解决逐渐失去效用，要求安全观必须加以扩展、转换和充实，强调用非军事手段解决安全问题；国际社会虽然没有克服无政府状态，但它逐步建立起许多协调机制，显现出争取和平与发展的强烈氛围；国际组织与国际法尽管尚无法与国内政府和法律相抗衡，但与过去相比得到进一步强化，更加有力；国际问题与国内问题联系越来越紧密，界限有时很难划清。这种新安全观的产生，其时代背景和历史必然性，可以概括为三个方面：

一是安全问题的国际化，相关性趋势增强。随着经济全球化的发展，各国社会经济运行的国际化程度进一步加强，相互依存加深，时空距离拉近，世界、地区和国内事务的透明度和关联度增强，安全问题具有了普遍性和相关性。国家安全、地区安全、国际安全密不可分，相互交叉的问题不断增多，联系紧密程度大大提高。国内问题国际化，国际问题国内化，成为安全形势发展的一个重要特点。一国的国内政治、经济、社会等越来越多地受到来自国际的影响，一些源自国际的“不安全因素”会不时地渗透或波及国内，同时也对国际环境产生影响。一方面，国内稳定与否所产生的影响已不像过去仅局限在国界之内，而将辐射或波及邻国、周边地区甚至整个世界。突出地体现在经济、科技、文化及社会治安等方面，如国际股市、汇市的动荡及重大的国际性和地区性金融危机，计算机系统和信息网络难以预料的“严重故障”、“有意破坏”和“突然失灵”，西方政治思潮和文化价值观的渗透影响，吸毒、贩毒、各种走私、黑社会势力内外勾结等跨国犯罪，以及艾滋病等疾病的世界范围流行与传播。另一方面，一国发展所倚赖的资源、市场、技术、产业等要素相应地与国际经济形成越来越紧密的“互动循环”关系，一国的贸易政策、产业政策、科技政策、能源政策、资源保障战略的制定等都将影响其他国家对其本国相关政策的制定和调整。解决国际安全问题越来越趋于“多边化”、国际化，靠建立地区或全球霸权及奉行超级军事强权的“单边主义”来保障国际安全已行不通。这种国与国之间、地区与地区之间，以至全球之间的密切相关、连锁互动的发展趋势，必然要求传统的、狭隘的、单一的安全思维发生改变。

二是安全因素的多样化，复杂性趋势增强。冷战期间，国际政治基本上由美苏两个超级大国主导。国际安全面临的最大威胁就是美苏两个超级大国对世界霸权的争夺。军备竞赛成为安全威胁的主要因素。冷战之后，国家安全的含义已不再是局限于军事、政治或情报领域和范围，逐渐扩展到经济、金融、资源、科技、信息、文化、社会诸多领域，影响安全的主体除国家外，还有非国家行为主体，为安全因素赋予了丰富、多样的内涵。从世界科技革命来看，在长期的冷战过程中，美苏一直都在追求绝对核优势地位，并企图以此来压倒对方。但是，核技术的发展迫使他们不得不进行削减核武器的谈判和严格限制核扩散。冷战结束后，信息技术不断渗透到全球社会生活的各个领域。这使单纯军事安全观受到极大的冲击。特别是信息战可能出现的优势一边倒的前景，使有关国家更加拼命地争夺信息战的战略主动权。新的世界科技革命为树立新的安全观提供了充分的物质基础。从文化方面看，冷战时期，战争威胁突出，使得文化的多样性和多元化处在不显著的地位。冷战后，地区冲突、宗教冲突、种族冲突、文化冲突却日益显露出来，使文化的多样性和多元化得到充分表现。冷战后各种冲突此起彼伏、接连不断的事态发展表明，文化的多样性和多元化使更多的国家承认安全观上多样性和多元化。那种强行追求文化的单一性和单一化必然给国际社会带来极大的不稳定。除安全因素增多之外，各种安全威胁相互渗透、相互融合、相互作用。冷战后军事竞争的地位及其表现形式有所变化，但是作为综合国力的重要组成部分与其他因素组合在一起，仍然具重要地位。今后，以经济科技为依托的军事竞争的地位还将进一步提高。国际安全涉及的各种因素的纵横交错，复杂多变，要求传统安全观随之发生改变。

三是安全利益的多方化，互动性趋势增强。国家间的安全关系已不再是过去那种“胜者为王、败者为寇”的“零和关系”(即一方所失必为另方所得)，而是有着共荣共损的利益关系。北美自由贸易区、欧盟和亚太经合组织等区域性经济集团之间以及区域性经济集团内部，既有合作也有竞争。“你中有我，我中有你”、“一损俱损”的情况并不鲜见。在核时代和高科技主导的今天以至未来，无论是大国还是小国，传统安全观那种只追求本国利益，不考虑别国的利益，甚至寻求自身的绝对利益或绝对安全，为本国利益而侵犯他国利益的观念和做法，往往事与愿违。冷战后国际安全问题之所以成为许多国家对外政策关注的焦点，就在于安全利益关系的“互动性”和“共同性”在不断增大，形成多边安全协调、预防机制与安全保障力量格局均衡化的要求，也被提上日程，有些问题已成为人类共同的利益和安全问题。“9·11”事件之后，反恐的共同需要和共识，成为许多国家新的利益汇合点，成为彼此增进协调与合作的动力。大国关系的重大调整，反映和适应了大国利益交汇增多和相互依存加深的客观需要。同样，地球生态环境的日益恶化，也迫使世界各国确立某种共同安全观。长期以来，地球人口的迅速增加和经济发展所依赖的自然资源的广泛消耗，正在使地球生态环境日益恶化。特别是大量核试验已严重污染大气和水资源；矿物燃料的广泛利用也正在使臭氧空洞越来越大、温室效应越来越明显；森林资源、植被资源、水资源等浪费和工业污染并没有解决。地球生态环境的日益恶化威胁着每个国家和每个地球人，与每个国家都发生利益关系。国家外部的安全利益不再纯属一国事务或由一国政策所能解决，要求传统的安全观必须与之相适应。

二、新安全观对21世纪初国际安全的影响

尽管新安全观的普遍确立还任重道远，国际社会在如何维护国际安全方面远未达成共识。但是，新安全观作为一种应运而生的新理念，符合时代发展潮流，将逐渐得到国际社会的认可，而以“冷战思维”为主导的传统安全观正在失去市场。正如钱其琛所说，冷战结束以来，特别是“9·11”事件之后，“以美俄、俄——北约关系及调整中美关系的改善为标志，主要大国间形成了‘大战要避免、和平需维持’的共识，并尝试进行新的对话与合作，以对付新的挑战。”[②]

1. **在安全内容上，转变以军事为主的传统安全观，经济安全愈益成为谋求国家安全的主题。**经济安全之所以越来越成为世界各国所关注的主题，原因有三点：一是国际竞争的重点转向了经济。冷战以后，国家之间竞争的重点由军事竞争转向综合国力的竞争。经济和科技是综合国力中的决定性因素。一个国家要想在综合国力较量中取得优势，必须集中精力和资源发展本国经济，不断增强经济

②《外交学院学报》，2002年第3期，1页。

实力，而经济发展的首要条件或者说基本前提是确保安全的经济环境。21世纪初，经济安全成为国际社会关注的核心。早在1994年，美国在国家安全战略报告中就将“经济安全”确定为国家安全战略的三大目标之一，并在后来的国家安全战略报告中，一再重申经济安全的核心地位。日本、俄罗斯、欧盟等世界众多国家都无不把经济安全视为国家安全战略的重中之重。二是维护经济安全的难度比维护其他安全的难度大。经济安全涉及面广，内容复杂，其中主要有金融安全、产业安全、贸易安全、生态环境安全、技术安全和信息安全等等。这些领域不确定性大，动态性强，维护难度大。比如，一个国家信息技术落后、信息权意识淡薄就会造成对别国的信息依赖，这样不仅可能造成经济利益的损失，而且会给国家的信息安全和整个经济安全带来严重隐患。三是经济不安全将导致严重后果。当代经济的核心是金融，经济安全的核心是金融安全。随着经济全球化向深度发展，全球化的客观需要与现行国际金融体系的矛盾将进一步加深，发生金融危机的可能性加大，而且，经济全球化的程度越高，金融危机的破坏性就越大。根据经合组织《经济展望》的资料，20世纪90年代全世界就发生了7次较大的金融危机。在经济全球化时代，一个国家或地区发生金融危机，就会产生多米诺骨牌效应，殃及其他国家或地区。经济不安全不仅造成经济利益的重大损失，而且还造成社会动荡，威胁国家的政治安全、军事安全。经济不安全对国家安全的威胁是直接的、全面的，而且往往会引起不良的连锁反应。

2. 在安全途径上，改变只从自身利益考虑的传统思维，合作安全愈益成为各国调整和构筑稳定可信的安全关系与国际安全格局的主流。传统的国际安全观长期崇尚的理念从根本上讲就是“胜者通吃”。它意味着一方利益的得是以另一方利益的失为前提。军备竞赛就是“胜者通吃”的逻辑产物，最后是美苏的核军备竞赛把全球拖入核恐怖之中，使安全走入死胡同。新安全观所提出的理念，是站在全局上与对方换位思考问题。它不将自己的赢建立在对方的输上，而是力图满足双方的合理需求，在双方沟通、理解、合作的前提下，实现各自的利益。新安全观主张追求最佳的利益，即通过合作和协调使利益不断地增值，使国家间减少摩擦和战争的可能性。比如，世界贸易组织虽然不是强制性机构，但游戏规则是大家共同承认的，相互具有较强约束力，合作共荣，相安太平，违犯规则，两败俱伤。经济利益的相互重合，减少了国家之间的战争；彼此互相间的经济依存，促进了国家间的友好合作。

首先，全球面临的共同安全利益需要加强合作。经济全球化的根本动因是生产力与生产关系的矛盾在全球范围发生作用。生产力的飞速发展要求打破国别和地区的限制，在全球范围内配置资本、技术、原材料和劳动力等生产要素。生产要素的不同所有者都期望通过生产要素的流动来获取最大收益，这就难免造成经济利益的冲突，如国际产业结构的冲突、国际贸易的冲突等。这些事关国家利益的冲突，只有通过合作才能有效地协调。此外，核扩散、贫富分化、环境污染、生态失衡、毒品泛滥等全球性问题，对每个国家的安全都构成了威胁，要解决这些关乎每个国家安全利益的全球性问题，离开全球范围的通力合作是难以奏效的。

其次，克服全球化带来的负面效应，提高国家的安全系数需要加强合作。经济全球化的负面影响对任何国家的安全尤其是经济安全都可以构成比较严重的威胁。对发达国家的主要威胁：一是增加了由国外因素诱发国内经济波动的风险；二是加剧了对资本、技术、贸易和市场的争夺及国家之间尤其是发达国家之间的经济矛盾。美日贸易摩擦、美元与欧元之间的竞争就是例证。对于发展中国家来说，经济全球化给国家安全带来的威胁更大，因为全球化的主导权掌握在发达国家手中。全球化的本质是经济规则的全球化，现有的经济规则是在旧的经济秩序和制度规则基础上发展起来的，是不利于发展中国家的。而发展中国家在融入全球化的进程中，又不得不按照有利于发达国家的“游戏规则”行事，被迫接受不公正、不平等的条件，这样就会给发展中国家在金融、贸易、产业等方面带来更多的不安全因素。对此，发展中国家只有加强合作，才能减少发达国家利用经济全球化给发展中国家施加的安全压力。

再次，解决经济全球化进程中出现的种种矛盾需要加强合作。当前经济全球化呈现出各种矛盾并存的特征：一是经济全球化进程中政治多极化与单极化的矛盾。按照经济学的逻辑，经济全球化通过扩大各国的共同利益可以抑制人们发动战争的冲动；按照政治学的逻辑，多极化有利于力量均衡，从而有利于世界的和平与稳定。但事实上，多数国家希望在经济全球化的过程中推进政治多极化，而极少数发达国家怀有强烈的霸权欲望，企图通过经济全球化来控制世界政治秩序。发展中国家只有进行全面合作，才能遏制超级大国的霸权主义。二是经济全球化进程中不同文化之间的矛盾。国际社会只有进行不同文明之间的合作，尊重多样性，强化融合性，淡化冲突性，才能增加安全感。否则，不同文化的冲突，不同价值观念的碰撞，就可能为霸权主义、强权政治发动战争提供借口，危害国际社会的安全。三是经济全球化进程中信息化与工业化的矛盾。在经济全球化的进程中，工业化与信息化的矛盾是客观存在的，这种矛盾最终通过经济利益分配的矛盾表现出来。两者的冲突，也可能成为不安全的因素。解决这一冲突，同样需要各国之间的合作。

3. 在安全手段上，由重视单一军事手段到综合运用各种手段，联合国在维护国际安全中扮演更加重要的角色。随着冷战的结束，国家面临的威胁来自各个方面，涵盖了政治、经济、外交、军事、科技、文化和生态等各个领域，并不局限于军事领域。在保障安全手段上，更加强调军事手段和非军事手段的综合运用，不再一味地突出军事手段的作用，在不放弃军事手段的前提下，应更多地运用非军事手段来维护国家安全，即利用政治、经济、法律、国际组织等现有的一切手段来保障国家安全。

联合国作为一个重要的国际组织，在维护国际安全上随着新安全观的产生，越来越发挥重要的“维和”作用。当前世界维护和平呼声进一步加强，许多国家都在大力强调联合国和安理会在维护世界和平、保证安全方面应发挥更大作用。从2003年初美英对伊拉克实施军事打击来看，国际社会“两种不同声音”展开了激烈斗争，呼吁美英应在联合国框架内依国际法解决伊拉克问题，表现出众多国家重视发挥联合国安理会的职能作用，以政治与和平方式解决问题理念的增强。美国武力打击伊拉克遭到了国际社会包括美国的盟友法国、德国的反对，法国、德国、俄罗斯、中国等大国，都积极主张用政治与和平的手段解决伊拉克问题。时任联合国秘书长安南警告华盛顿：“没有联合国安理会的支持，解除伊拉克武装的战争将缺少合法性并且违反了联合国宪章。”[③]就连美国前总统卡特都认为：“任何人要发动战争，必须从他们所宣誓代表的社会获得合法授权。”[④]尽管美国最后还是决定对伊拉克采取了军事行动，但由于师出无名，在国际社会失去公理，因此，在政治上始终陷入被动局面。今后，联合国在维护国际安全方面的作用将会逐步增强。

三、积极倡导新安全观，维护新世纪的国家安全

在当前错综复杂的国际形势下，中国作为一个负责任的发展中大国，同世界上一切爱好和平、渴望发展、向往进步的国家和人民一道，为争取实现一个长时期的国际和平与安全环境而努力，符合社会发展进步规律，具有现实而深远的历史意义。

---

③《参考消息》，2003年3月12日，第1版。

④《参考消息》，2003年3月12日，第3版。

1. 积极倡导树立新的安全观。新安全观符合时代发展方向，是维护世界和平的积极态度。积极倡导新安全观，有利于树立中国维护国际安全的良好形象，给予“中国威胁论”鼓吹者以有力回击，同时，也有利于营造建立公正合理的国际政治经济新秩序的舆论氛围。中华民族从来是一个爱好和平、与人为善的民族。近代以来，中国人民饱受外来侵略和奴役之苦，更加珍惜来之不易的和平与自由，始终是维护地区及世界和平与稳定的重要力量。冷战结束后，面对新的国际安全形势，中国于1995年11月发表了《中国军备控制与裁军》白皮书，又于1998年7月发表了《中国的国防》白皮书。1999年3月26日，江泽民主席在日内瓦裁军谈判会议上正式提出了“普遍安全”是我国新安全观的核心的论断。明确指出，新安全观的核心，应该是互信、互利、平等、合作。各国相互尊重主权和领土完整、互不侵犯、互不干涉内政、平等互利、和平共处五项原则以及其他公认的国际关系准则，是维护和平的政治基础。互利合作、共同发展是维护国际安全的经济保障。中国提出的新安全观坚持了以下原则：新的安全观要以和平共处五项原则为基础；要以各国不分大小、强弱一律平等为前提；反对冷战思维；主张安全应具有综合性（军事、经济、政治、文化等）和全球性；重视联合国和安理会在维护和平方面的首要责任；反对任何军事集团借口集体安全超越联合国和安理会而行事；反对以“人权”等为借口，对主权国家进行和平演变和颠覆。中国的这一主张，不仅是对处理国际关系的历史经验总结，同时，也符合《联合国宪章》及其他国际约章的基本精神。中国坚持奉行独立自主的和平外交政策，率先提出和平共处五项原则，恪守不参加军事集团、不谋求势力范围、永不称霸等庄严承诺。中国积极倡导新安全观，努力维护国际安全的良好形象，得到了国际社会的认可。早在1998年的第五届中欧首脑会晤中，欧盟就罕见地表示“有兴趣地注意到中国的‘新安全观’”。⑤

2. 坚持按照互信、互利、平等、合作的原则处理和解决国家间的安全问题。中国的新安全观，为国际社会树立新安全观提供了良好的前景。其中，互信是新安全观的前提。它对于减少冲突、增加合作有着至关重要的意义。要实现真正的相互信任，就必须坚持和平共处五项原则以及公认的国际关系准则，奉行和平的对外政策，建立国家之间平等、友好、稳定的关系。互利是新安全观的基础。谋求互利合作、共同繁荣是维护和平的经济保障。共同利益是维护世界和地区安全的基本条件。政治、经济上的互利互惠可以加强国与国之间的联系，可以增强国际社会抵御风险的能力，可以增加国与国之间的依赖度，从而为国际安全提供更牢固的利益基础。平等是新安全观的灵魂。每个国家都有维护本国利益的平等权利，也有承认和尊重别国利益的义务。只有建立在平等基础上的对话、协商和谈判，才是维护和平的正确途径。合作是新安全观的支柱。通过对话与合作增进相互了解与信任，以和平的方式解决国家间的分歧和争端，是确保和平与安全实现的途径。合作的方式可以是多种多样的，但必须遵循平等

⑤《国际问题研究》，2003年第1期，29页。

参与、求同存异、协调一致、循序渐进的原则，不断拓宽合作的新领域，探索合作的新模式。

中国在国际交往中，努力践行“互信、互利、平等、合作”的新安全观，以信任取代猜疑，以对话取代对抗，以和平谈判取代冲突，以互谅互让取代争夺，争取以和平手段解决国际争端，建立以“合作安全”为基础的国际安全新模式，为树立新安全观作了很好的注释：中俄面向21世纪的战略协作伙伴关系得到进一步加强，两国边境东段国界勘界工作业已完成；中、俄、哈、吉、塔五国签署了边境地区裁减军事力量和增加信任措施的协定，被国际舆论称作是“合作安全的典范”，开创了合作安全的新道路。正如江泽民所说，五国协定“充分体现出完全不同于冷战思维的一种新的安全观，对于增进国与国之间的友好与信任、维护地区和世界和平，将会提供有益的启示和开辟新的途径”[⑥]。当然，这种合作安全并不是靠牺牲本国的安全利益委曲求全，也不是把本国的安全利益凌驾于别国之上，更不是为维护本国安全利益不惜损害国际社会共同的安全利益。而是在共同利益基础上的互相尊重、相互信任，通过经济交往、政治谈判、军事对话等和平方式求得的共同安全。

3. 综合运用多种手段和措施实现新世纪的国家安全。新世纪之初，我国国家安全面临的形势复杂而艰巨：军事安全因素在国际关系中的作用依然比较突出，对我国的安全环境构成挑战；我国周边

⑥《人民日报》，1997年4月24日，第6版。

仍存在诸多不稳定因素，如俄罗斯的经济政治危机、朝鲜半岛的复杂局势、南海的主权权益之争、南亚的核试验等；国际敌对势力不愿看到中国的统一、发展和强大，千方百计阻挠台湾问题的解决；国内外敌对分子利用民族、宗教问题分裂中国的活动有增无减；在世界高科技领域，我国还处于相当落后的地位，经济科技上同发达国家的差距给我们很大压力；随着我国加入WTO，来自外部的经济上的“不安全因素”也随之增加，诸如经济危机、金融风险、运输通道安全、海外资源供应和市场的稳定等，已成为国家安全的焦点之一。目前，影响国家安全的因素是综合性的。既有政治、经济、科技、军事的，也有文化、环境、人口和资源的；既有国际上的现实和潜在威胁，也有国内的各种不安定因素。我们要积极探索综合维护国家安全的新思路和新办法，特别是要坚持经济建设与国防建设两手抓。一是要充分认识发展才是硬道理，国家进步、经济强大是国家安全的第一需求。经济发展了，综合国力增强了，国家才有强大的物质基础，中国的国际地位和影响力才能大大提高，国家安全才有坚实的保障。二是要充分发挥军事力量在维护国家安全中的基本保证和坚强后盾作用。冷战后军事因素在各国安全中的比重显著下降，这是和平与发展成为时代主题，国际形势继续趋向缓和的一个重要标志，也是全球性军事对抗因素明显减弱和经济安全因素上升的必然反映，但这并不意味着军事因素在国家实力和维护国家安全中的地位和作用下降。必须明确，在服从和服务于经济建设大局的前提下，建设一支强大的现代化的军队和国防，是国家安全的重要保障。

主要参考文献：

1．李少军著．国际安全警示录：21世纪中国面临的安全挑战．北京：金城出版社，1997
2．席来旺著．国际安全战略——在动荡的国际局势中寻求和平．北京：红旗出版社，1996
3．王逸舟主编．全球化时代的国际安全．上海人民出版社，1999
4．阎学通著．美国霸权与中国安全．天津：天津人民出版社，2000
5．(日)星野昭吉著．全球政治学——全球化进程中的变动、冲突、治理与和平．北京：新华出版社，2000
6．张明明，马小军主编．当代国际政治概论．北京：当代世界出版社，2000

原载《中国军事科学》2004年第1期，荣获首届全军政治理论研究优秀论文成果三等奖。

论邓小平制定外交政策的原则与艺术

核心提示：面对波诡云谲的国际舞台，一国要从容应对各种复杂环境的考验，赢得发展的主动权，必须具有高超的外交艺术。邓小平站在时代的制高点上，提出了一系列重要方针政策，使中国在对外交往中纵横捭阖，张弛有度，进退自如，展示了一个马克思主义政治家、战略家和外交家的胆识和风采。

邓小平站在时代的制高点上，高瞻远瞩，以一个马克思主义政治家、战略家和外交家的胆识，提出了一系列新的重要方针政策，开创了我国外交工作的新局面。在他提出的一系列外交政策的背后，蕴含着深刻的外交原则和高超的艺术，在制定各项外交政策和处理国际事务中，这些原则和艺术，发挥了重要作用。

一、维护国家主权和尊严原则

在国际关系中，主权问题是外交的核心问题。邓小平在这样的大是大非问题上，是从来不含糊的。他认为，如果一个国家丧失了主权，也就丧失了国格，失去了存在的价值，更谈不上发展问题。在这个问题上不能手软，不能退让。早在1982年9月，中英关于中国收回香港问题谈判时，他就明确地向英国首相撒切尔夫人说："关于主权问题，中国在这个问题上没有回旋的余地。坦率地讲，主权问题不是一个可以讨论的问题。"他甚至说："如果十五年后还不收回香港，人民就没有理由信任我们，任何中国政府都应当下野，自动退出政治舞台，没有别的选择"。从一定意义上讲，正是邓小平在有关我国主权问题上不容谈判的斩钉截铁的鲜明态度和坚定立场，迫使英国放弃在主权问题上要我让步、以主权换治权的幻想，使香港和平回归到了祖国的怀抱。

上世纪80年代末~90年代初，国际局势发生急剧变动，西方国家加紧对社会主义国家的和平演变图谋，以各种方式对中国政府进行指手画脚，干涉我国内政。西方七国还以所谓的"人权"为幌子，对我国进行经济制裁。在这非常严峻的历史关头，邓小平表现出高度的原则性和中华民族不屈不挠的气节，给予了坚决的反击。他对来访的美国前总统尼克松说："要中国来乞求，办不到。哪怕拖一百年，中国人也不会乞求取消制裁。如果中国不尊重自己，中国就站不住，国格没有了，关系太大了。”他指出：“霸权主义过去是讲美苏两家，现在西方七国首脑会议也是霸权主义、强权政治。他们那一套人权、自由、民主，是维护恃强凌弱的强国、富国的利益，维护霸权主义者、强权主义者利益的。我们从来就不听那一套。”“因为如果我们不坚持社会主义，最终发展起来也不过成为一个附庸国，而且就连想要发展起来也不容易”。

在邓小平的眼里，“国家的主权、国家的安全要始终放在第一位”。正是把握了这一重要原则，维护了国家独立、主权和尊严，得到了一些国家的同情和理解，使西方单方面取消了经济制裁，提高了我国的国际威望，也赢得了外交的主动权。

二、坚定不移地对外开放原则

在对外开放之初，人们的思想还处于封闭状态，对资本主义社会存在的东西，包括人类文明的共同成果，社会主义国家能不能“拿来”，存在这样那样的疑虑和困惑。面对人们长期封闭所形成的僵化的思维定势，特别是对开放给社会和人们思想带来的一些负面影响，邓小平以宽广的世界眼光，敏锐地感受到世界发展变化快速，中国要跟上时代步伐，再不能走封闭的老路，必须对外开放。这一点他坚定不移。他在各种场合，反复强调，要解放思想，实事求是，加强与世界交流，指出：“对外开放具有重要意义，任何一个国家要发展，孤立起来，闭关自守是不可能的，不加强国际交往，不引进发达国家的先进经验、先进科学技术和资金，是不可能的。”“我们的立足点还是自力更生，但是我们搞开放政策，利用国际和平环境更多地吸收对我们有用的东西，这对加速我们的发展比较有利。”

邓小平总是从更高的角度来看待对外开放与加快发展经济的关系。他一针见血地指出：“这不只是经济问题，实际上是个政治问题。”1992年邓小平南方谈话，总结世界社会主义运动的经验教训，更是深刻全面地阐述了改革开放，发展经济的一系列重要思想，非常尖锐地指出：“不坚持社会主义，不改革开放，不发展经济，不改善人民生活，只能是死路一条。”正是邓小平始终不渝地坚持对外开放的战略，使我们在更短更快的时间内吸收了国外的资金、先进的经验和文明成果，创造了和平友好的国际大环境，赢得了与资本主义的比较优势，正在按照“三步走”的发展战略阔步前进，并顺利实现了在上世纪末翻两番的目标。

三、讲究外交艺术和策略原则

毛泽东曾把解决问题的方法，比喻为过河的“桥”。讲究外交艺术和策略，其实也就是解决我们对外政策要达到目的的“桥”的问题。邓小平的外交艺术把理想与现实、原则性与灵活性、动机与效果、目的与手段有机地结合起来，可以说是更加实事求是，更有鲜明的时代特色。

1989年，他在跟几位中央负责同志谈话时郑重交代：“不管怎么样，我们还是友好往来。朋友还要交，但心中要有数。不随便批评别人、指责别人，过头的话不要讲，过头的事不要做。对于国际局势，概括起来就是三句话：第一句话，冷静观察；第二句话，稳住阵脚；第三句话，沉着应付。”即使对我们的对手，也要采取合适的应对方针，强调对事不对人。“谁搞和平，我们就拥护；谁搞战争和霸权，我们就反对。”1990年12月，他又说：“我们千万不要当头，这是一个根本国策。这个头我们当不起，自己力量也不够。当了绝无好处，许多主动都失掉了。”

邓小平几次谈话所提出的不搞意识形态争论、不讲过头话、不办过头事、朋友要交、心中有数、冷静观察、稳住阵脚、沉着应付、决不当头、韬光养晦、善于守拙、抓住机遇、有所作为，以及不结盟、不打牌等等，成为当时以及现在我们应对国际复杂局势的指导方针和原则。这些重要思想原则的提出，表现出邓小平卓越的政治远见和胆识，也体现出高超的谋略艺术，对我们改善和发展同世界各国的关系，从容地应付各种复杂的国际局势，开创良好的周边环境和国际环境，起到了极为重要的指导作用。

四、注重国家眼前和长远利益原则

邓小平在制定对外政策上，既从国家的眼前利益，又从国家的根本利益、长远利益出发，提出了许多新认识、新思想，为解决国与国之间的矛盾、冲突、争端，创造和平共处、互惠互利的良好国际环境，提供了新的途径。

在国与国之间的交往原则上，邓小平以国家利益为基本出发点，更注重实际，也更加符合各国发展建设的客观要求。1989年，邓小平在与美国前总统尼克松谈话时指出，虽然中美之间的政治立场不同，但是，"我们都是以自己的国家利益为最高准则来谈问题和处理问题的。""我们同苏联和东欧国家改变几十年不和关系的时候，总是首先肯定应该结束过去，开辟未来。"这种从国家自身的战略利益出发、考虑长远利益的思想，打破了国家之间交往以意识形态、社会制度等为出发点的传统认识，创造性地把马克思主义的物质利益原则应用于国与国之间的交往之中，使外交工作的指导思想更加明确，更符合我国实际情况。

在解决国与国争端上，邓小平更加具有创造性，先后提出了"一国两制"、"共同开发"的设想。"一国两制"，既可实现我国的利益目标，又兼顾了相关国家的承受能力，使我们成功地解决了香港和澳门回归问题，并保持了香港和澳门的稳定与繁荣。而"共同开发"的设想，更加体现了邓小平的开明。他说，这个问题也许我们的后人更加聪明，有更好的解决办法，现在"世界上的许多争端用类似这样的办法解决，我认为是可取的。否则始终顶着，僵持下去，总会爆发冲突，甚至武力冲突。"先不涉及两国主权争议，共同开发，共同得利。可以"不用打仗，也不要好多轮谈判"，也"可以消除多年积累下来的问题"。这种立足于当前，放眼于未来的"双赢"办法，可以说是个伟大创举。

原载《邓小平理论学习与研究》2003年第3期

鸦片战争中的中国外交及其影响

核心提示： 前事不忘后事之师。鸦片战争作为中华民族的一段屈辱史，已经钉在中国历史的耻辱柱上。在经济全球化的今天，从外交的角度梳理这段历史，我们会发现，是妄自尊大、墨守成规、盲目排外……让中华民族付出了血的代价。

1840年的鸦片战争，给中华民族的历史画卷上留下了让后人深刻警醒反思的一页。在这屈辱的历史中，给我们诸多启示。本文试对鸦片战争中的中国外交及其影响，作一粗浅的探讨。

一、清政府面对世界变化墨守成规，盲目自大，缺乏应有的防范意识和与时俱进的外交理念。19世纪30年代，世界正处在资本主义上升阶段，英、法、美等国，尤其是英国成为资本主义最发达国家。英国自18世纪中叶“产业革命”后，工业生产急剧发展，到19世纪30年代，几乎占有全世界工业产量的一半。随着生产的迅速扩大，生产“过剩”，使英国在1825年爆发了世界资本主义史上的第一次经济危机。1830年、1837年至1838年纺织工业也出现危机。英国纺织工业资本家迫切要求扩大国外市场，以便为他们的“过剩”产品寻找出路。对外侵略扩张已成为资本主义发展的迫切要求。

与之相反，当时在腐化骄佚的清政府统治下的中国，社会经济处于停滞不前，人民生活十分困苦，官僚机构和武装力量腐朽瘫痪，国内各民族反清起义连绵不断，清朝统治面临日益深刻的危机。经济上，在中国市场上英国棉纺织销量由过去的出超地位，转变为入超地位，对中国封建经济下的手工业产生了巨大冲击，并从中国人民身上榨取越来越多的利润。而英国政府并不满足于此。随着英国新兴工业资本家在政治生活中不断取得重要地位。1834年8月，在改革后的议会里通过了废止东印度公司对华贸易专利的法案，同时决定派遣商务监督，代替东印度公司驻广州代表的“大班”，执行英国的侵华政策。这一变化，不仅是名称的改变，而是标志着中英之间由一般的民间贸易关系，转变为官方的外交关系。

面对世界发达国家的这些变化，以及由此可能引起的对中国的政治、经济、外交等影响，清政府却闭目塞听，麻木不仁，不思进取，盲目排外，顽固坚持闭关政策，不管英国派来广州的是东印度公司大班也好，或者是所谓商务监督的“夷目”也罢，一切都“循照旧章”，按“天朝制度”办事，以老大自居，没有认清外来的先进技术侵略，以及对中国的积极和消极影响，更没有从外交上采取积极、长远、稳妥的应对策略。以至于把禁烟问题，看成一般的贸易问题，注意力集中在国内的如何取缔和惩办吸食、贩卖和开设烟馆的人，没有提到怎样对待外国鸦片贩子问题，怎样通过外交途径，解决禁烟问题，以及由此可能引发的一系列国际政治问题。禁烟问题完全由林则徐个人决定。清政府一方面在即将狼来之时，缺乏应有的敏感性和防范意识，另一方面不重视与外国的交往，吸收资本主义新鲜有益的东西，还在妄自尊大，墨守成规，盲目排外，在思想上处于极度封闭落后状态，与当时的社会发展极不适应的。

二、清政府对外懦弱、对内惧怕的两面性，导致外交策略上的不确定性。面对英国的入侵，清政府因缺乏思想准备，加上国内反清浪潮，在对外侵之敌的应对策略上陷入被动挨打的局面，是战是和飘浮不定。1839年6月3日至25日，林则徐在虎门对收缴的鸦片销毁之后，英国即开始寻求战争。1840年2月，任命海军少将乔治·懿律和义律为正副全权代表，统率军队侵华。1840年6月，英军陆续到达广东海面，封锁珠江口后，径行北上，7月6日攻下定海，8月9日到达大沽口，8月19日向清政府投递致中国宰相书，提出英国的五条要求。即：(1)赔偿烟价；(2)对待英国驻华官员须按“文明国”成例；(3)割让一岛或数岛；(4)赔偿行商欠英商的债务；(5)赔偿军费。

至此，英国政府完全掀掉了其侵略中国野心的面纱，以船坚炮利为后盾，赤裸裸地提出了连英国自身都不得不承认的无理要求。大敌当前，清政府道光帝缺乏政治智慧，不研究如何抗敌，却怨林则徐禁烟生出了“波澜”，随即任命投降派代表团人物琦善与英人办理交涉。琦善秉承道光帝旨意，即屈服求和，甚至派人为侵略军筹办给养，并在天津设宴招待侵略军将领，真是荒唐至极，奇耻大辱。1841年1月20日，琦善和英方订立了可耻的《穿鼻草约》，其主要内容是割让香港和赔款600万元。

面对侵略者肆无忌惮的侵略行为。清政府及地方当局表现得极端懦弱，道光帝供认：“朕之用兵实出于万不得已。”当英军要求割地赔款，触及其统治利益时，不得不勉强应战。而当敌军步步进逼，感到统治地位受到威胁，便又动摇起来。尤其是面对国内人民反清运动的发展，清政府只盼英军早日撤退，以便集中力量对内。其对外作战的底气不足，处于战和不定状态。为维持其反动统治，甚至不惜卖国求和。

中英议和从1842年8月12日开始，清帝对议和代表耆英和伊犁布指示：“便宜行事，妥速办理，不可稍涉游移。”在这种一意求和的方针下，耆英和伊里布不问利害，只求从速了事。8月29日在英舰康华丽上签订了中英《江宁条约》(即《南京条约》)十三款。之后，1843年6月26日，与英签订《过境税声明》；7月22日中英《五口通商章程：海关税则》公布实行；10月8日又订立《五口通商附粘善后条款》(即《虎门条约》)。这些文件连同《南京条约》，共同构成结束第一次鸦片战争的和约。通常所称的《南京条约》，即指这些综合和约而言。

丧权辱国的《南京条约》是外国资本主义强加在中国的第一个不平

等条约，标志着中国半殖民地化的开端。根据这一不平等条约，英国从中国攫取了重要权益：强占香港；勒索2100万元巨额赔款；上海、宁波、福州、厦门、广州五处，准英人居住贸易；协定关税；丧失领事裁判权；英军舰在五口的停泊权，以及片面无条件的最惠国待遇。

三、中英《南京条约》成为始作俑者，开了外国侵略中国的先河。中英《南京条约》订立后，其他资本主义国家也纷纷乘机向清政府进行勒索，尤其是美国，从战前鸦片走私活动一直到战后缔约交涉，始终紧紧追随英国，充当英国侵略者的头号帮凶。在中国贩运鸦片的数量虽不及英国，但美国商人参加贩毒的普遍和走私的猖獗比英国有过之无不及。1842年中英《南京条约》的订立，立即引起美国政府的深切注意。美国总统泰勒在同年12月向美国国会提出咨文，主张派遣正式代表到中国，建立新的商务关系。1844年2月，美国会外交委员会委员顾盛带领四艘兵船到达澳门，向清政府要挟，以北驶进京“面见皇帝”相恐吓，迫使清政府官员签订条约。清政府钦差大臣耆英被慑服，于1844年7月3日，耆英和顾盛在澳门附近的望厦村签订了中美第一个不平等条约——《五口贸易章程：海关税则》（即《望厦条约》）。美国除根据“利益均沾”的原则取得了中英条约的全部特权外，还攫取了中英条约上所没有、或尚未明确规定的一些特权：领事裁判权，扩大到美侨之间及美侨与任何外籍侨民之间发生的诉讼；进一步破坏中国的关税自主权，更为明确地肯定了协定关税原则；侵犯中国的领海权，规定美国兵船不仅可以任意到中国港口“巡查贸易”，而且各港口官员还要负责接待；还对美国人在五港口租地建屋进行了规定。

中美《望厦条约》是比中英《南京条约》更加苛刻的不平等条约。这一条约成为后来中法《黄埔条约》以及其他国家与中国订立不平等条约的蓝本。继美之后，法国也对中国进行讹诈，1844年10月24日，在广州附近的黄埔签订了中法《五口通商章程：海关税则》(即《黄埔条约》)。在《黄埔条约》中，法国不但援引英美的先例，轻易地取得五口通商、协定关税、领事裁判权，无条件的片面最惠国待遇等各项重大特权，而且还攫夺了一些新的权益。在美、法之后，其他西方国家如葡萄牙、比利时、瑞典、挪威也相继前来要求通商，分沾利权。清政府对它们的要求都一概允准。从此，中国的大门便向整个资本主义世界开放。

由于外国资本主义强加于中国的一系列不平等条约，中外关系发生了本质变化。独立自主的中国开始沦落为一个主权残缺的半殖民地国家，中国封建外交向半殖民地外交转移。

鸦片战争打破了旧中国闭关锁国的局面，被动地卷入全球化进程，使旧中国不得不接受资本主义商品贸易和各种知识信息。其积极意义是让中国融入世界的发展进程中，看到自身的差距，从而增强人民打倒反动统治，争取民族独立、解放和富强的斗争意志。另一方面，由于清政府的腐败无能和“抑民媚外”，以及旧中国生产力低下，受资本主义的不平等贸易侵略、奴役更加深重，付出更大的代价。

2002年2月

以高科技构筑国防“金色盾牌”

——关于高科技对我国安全影响的思考

核心提示： 高科技除了加快生产力的发展外，对国防建设也起着重要的“提升”和“支柱”作用，有时甚至产生以一当十、以一胜百，“一夫当关，万夫莫开”的效果。因此，发展高科技、运用高科技维护我国安全，打造国防“金色盾牌”刻不容缓。

江泽民同志指出，当今世界综合国力竞争的核心，是知识创新、技术创新和高新技术产业化。一些西方国家所以能够有恃无恐地推行霸权主义、强权政治，所以能够聚敛世界大多数财富，所以能维持对广大第三世界国家不公正、不合理的国际政治经济秩序，所以能够动辄对一些弱小国家进行武力威胁和发动侵略战争，就是因为它们在科技上从而在经济上、军事上掌握了很大的优势。我们要在未来激烈的国际竞争和复杂的国际斗争中取得主动，从而不断增强我国的经济实力和国防实力。江泽民同志深刻地阐明了发展高科技对国防的重要作用。

一、高科技是维护国防的坚强“支柱”

在今天的国际社会中，高科技的发展已经成为决定一个国家综合国力的关键。正因如此，高科技被认为是经济上的第一生产力，政治上的凝聚力和威慑力，外交上的影响力，军事上的战斗力，文化上的向心力，社会发展的推动力。国际政治格局的形成以及变迁与国际社会科技中心的形成和迁移有着密切的联系，对一国的国防产生重要影响。

从历史上看，每一次科学技术的重大革新，都给有关国家的综合实力以革命性的影响，同时，为一国的国防提出了新课题。(1)工业革命使大英帝国独霸世界。17世纪牛顿力学的提出，蒸汽机、珍妮纺织机等技术的发明，使英国成为近代世界第一个科技中心和产业革命中心。由于英国经济、军事等综合国国力的强大，便以坚船利炮开路，对外进行商品输出、侵略扩张，使英国一度成为独霸世界的日不落帝国。(2)物理、化学革命使德国的实力大增。新的科研组织形式，即在工业企业中建立实验室，带动了德国的产业技术突破。伦琴发现X射线，放射性和电子被相继发现，动摇了经典物理学大厦；普朗克提出量子论，在热力学和统计物理学方面做出重要贡献；爱因斯坦提出相对论，并提出了光的量子概念，并用量子理论解释了光电效应，辐射过程和固体的比热；基尔诺夫发现在稀硫酸溶液中，淀粉可以变成葡萄糖；李比希发现雷酸银和雷酸汞碱盐，并制得阻化剂或稳定剂(氧化镁)使催化与阻化过程统一；韦勒发现并提炼出铝，从无机物中合成两种有机物——草酸和尿素，突破了有机和无机两类物质的界限，开创了有机合成的新时期；米希德里希，用苯和硝酸作用，首次获得硝基苯，为染料的合成奠定了基础。尽管德国工业化进程比英国晚了一个多世纪，但是由于上述的一系列科学发明，到19世纪末20世纪初，伴随着科技革命的累累硕果，英国的世界科技中心地位被德国所取代。德国的经济、军事实力的增长强大，又为其对外侵略扩张积累了筹码。(3)科技革命使美国成为世界超级大国。早在美国建国初期，美国宪法就对科学技术提出了明确的方针。通过保障发明者的发现在一定时期内的专有权利，来促进科学进步。第二次世界大战期间，美国就意识到需要用科学技术来取得战争的优势。大力投资于技术开发，搞“曼哈顿”工程，大力发展武器制造技术。政府的研究开发投资从1939年的1亿多美元增加到1945年的15亿美元，二战结束时，美国的科学技术已具有压倒优势，二战期间发展起来的大批新发明、新技术的广泛应用，使美国工业在质和量上远远超过了欧洲。美国不失时机地招揽和争夺人才，使世界科技中心转移到美国，并一直处于世界领先地位，成为今天独一无二的超级大国，肆无忌惮地到处插手别国事务。

科技革命的历史实践表明，世界的科技中心新的转移意味着一个新的世界强国的崛起。由此可见，科学技术发展的程度如何，对一国的政治、经济、军事等各个方面都起着重要影响，一定意义上讲，决定和改变着一国的前途命运。从国家安全角度看，一国如果没有与时俱进的科技发展和进步，其国防将失去坚强的支柱，在国际政治格局中，就没有说话的权力，就没有安全可言。无论是记忆犹新的海湾战争、科索沃战争，还是硝烟刚刚散去的阿富汗战争，都显示了高科技的重要作用。落后就要挨打，弱国无国防。

二、国防建设以发展高科技为竞争“焦点”

美国著名经济学家莱斯特·瑟罗在《二十一世纪的角逐》一书中指出：21世纪的竞争是全方位竞争，由于科学技术的新发展创造了包括资金、原材料、技术、信息在内的全球性资源网络，谁能最好地利用这个网络，谁就能在竞争中取得主动。未来的关键产业都是高科技的产业，即微电子、生物工程、新材料、通信、航空、机器人与数控机床、计算机和软件。瑟罗强调，这七项产业将由人为的优势，即智力和技能的优势决定其发展命运。他还提出了几个重大发展趋势，其中，他提出了经济战争将取代军事战争的重要观点。人们常说，“现代战争就是打后勤”。从军事、经济、科技三者的相互依赖关系角度讲，不如说“未来战争就是打科技”。这已是不争的事实。

高科技是军事上的战斗力，是维护国家安全的保障力。科学技术的变革可以改变作战手段、作战方式、作战理论。而作战方式、作战手段的变革，常常与高科技的重大突破密切相连，战争的进程也为高科技的发展提供许多高难度的需求和广阔的应用前景。不仅如此，国防实力与经济实力相辅相成，军用技术转为民用常常带来巨大的经济效益；战胜国的经济掠夺、战争赔款、军售以及军事技术转让也能刺激本国经济发展。因此，国家安全有赖于高科技的发展，成为增强国力、把握未来的竞争“焦点”。当然，这种竞争有时并不一定表现为白热化的、赤裸裸地你争我抢，而是合作与竞争并存。从国际合作方面应该看到，科技合作并不是单纯的科技交往行为，而要受到国家和集团利益的制约，并成为维系和发展有关国家集团间关系的重要纽带。20世纪80年代的东芝事件，是与美国处于同一技术合作体系内日本东芝公司，把用于提高潜艇作战能力的关键技术(多轴数控加工机床)出售给苏联，违反了“巴统”禁止向社会主义国家转让高新技术，特别是军事技术的有关规定，美国对此进行了严厉的指责，并制裁了东芝。可见国际科技合作特别是关键技术合作，都会带有相当浓厚的政治色彩。今天美国、日本联合研制TMD（战区导弹防御系统），以遏制并针对中国的战略核武器，确保本国的战略竞争优势是其主要出发点。2001年10月1日发布的美国国防计划报告认为：“从孟加拉湾到日本海，中国周边的东亚沿岸是特别难以把握的地区，亚洲地区可能出现有强大资源基础的军事竞争者。”美国把矛头直指中国。

美国在军事高科技研制方面投入巨资，使其在军事高技术开发上不断取得突破。领先我们两代的战略战术武器被大批研制开发出来。如F—22飞机即将定型装备部队，NMD（国家导弹防御系统）在第四次实验成功后，已在阿拉斯加部署。这使我们老一代历经千辛万苦建立起来的、以两弹一星为标志战略反击能力正在被削弱，甚至可能被剥夺。在高技术空战武器上，如果还是目前那种仅靠巨款买几架飞机，而不能自制与美、日相抗衡高性能战斗机和空战武器的做法，那么未来可能在我国上空重现海湾、科索沃那样的丧失制空权，被空中远程火力圈外所发射精确制导武器进行点穴式空袭的场景。国际安全形势不容我们乐观，加速国防现代化的进程，抢占具有高科技含量的国防“制高点”，成为制约霸权主义的迫切需要。

三、加紧构筑维护我国安全的“杀手锏”

在世界科技革命日益深入发展进程中，科技全球化使高科技对人类的影响越来越大。共享人类科技成果，和平利用当代高科技，促进世界和平与人类社会发展是各国人民的普遍愿望。但国际霸权主义凭借手中高科技优势，欺压、盘剥和控制他国，随意撕毁国际军控、反导条约，破坏国际战略平衡，甚至加速发展军事高科技，企图永久保持军事技术优势和单边的绝对安全。当前国际政治中“一超”独霸与“多极化”发展的矛盾加剧；国际霸权主义有新的发展，我国已面临着国际局势深刻变化的严峻考验。

早在2001年美国就提出亚太美军的部署方案：增加西太平洋航空母舰实力和海军驻军，部署载有巡航导弹的潜艇；在太平洋和印度洋增加空军可以紧急使用的基地，建立燃料供给和后方支援据点；将关岛作为载有制导巡航导弹核潜艇的母港和远程轰炸机基地；制定空军应付太平洋地区发生紧急事态的计划；针对中国进一步增强空军；美台密商，为防我导弹攻击，台F—16飞机退驻关岛等，矛头直指潜在对手中国，妄图使我“龙困浅滩”。美国防部向国会提交的核态势评估报告，已明确地将中、俄、朝、叙、伊等7国列为核打击对象；主张在朝鲜入侵韩国、中国解放台湾的冲突中首先使用核武器。历史已经多次证明，在霸权主义、强权政治面前，强大的高科技军事实力，是他们唯一能听懂的语言，其他任何善良的愿望与渴求和平的努力都是幼稚的。正如江泽民同志所说：“每当与国外的对手谈话时，一想起我们有一支强大的国防力量，感到腰杆就硬了，特别是与那些想欺凌我们国家的人谈话，更是这样。”[①]当前美日等国依仗其强大的经济实力，已经走上军备竞赛之路。他们投巨资发展军事高科技，妄图在保持高科技优势的基础上，拖垮战略对手。我们在霸权主义的威胁面前，既不能重走文革中的“深挖洞”老路，也不能重演苏联被军备竞赛拖垮的悲剧。要与其斗智斗勇，提高经费使用效益，加紧研制让侵略者害怕、管用的“杀手锏”，构筑具有中国特色的国防“盾牌”。在加强对外开放、开展技术合作的同时，立足自力更生，加快我国重大武器装备的研制。如加快我国新型战斗机、航母、远程高速机动固体燃料推进的战略导弹，以及各种反卫星武器的研制。要集中全国科技力量的必要的财力，突破一些军民两用的战略高科技项目。如0.01微米以下超大规模集成电路及产业化生产设备；超高速系统芯片SOC，千万门级的数字逻辑可编程芯片，每秒千万亿次的高速巨型计

①江泽民：《论科学技术》，北京，中央文献出版社，2001年，17页。

算机；推重比10：1以上、单台推力达150千牛以上的涡轮风扇航空发动机及相应的耐高温材料，第四代高性能隐身战斗机，火力圈外精确打击的集成弹药；探测距离达200公里以上的机载火控雷达，以及监视敌方导弹发射预警卫星、L1米级别高分辨率侦察卫星、大容量高速通信卫星、导航定位卫星；射程12000公里固体燃料移动式高速突防导弹；激光、粒子束反导系统；远程高空反导武器、精确制导深层钻地核武器，等等。

我们热爱和平，反对战争，但必须正视霸权主义对我的威胁，不打无准备之仗，做好充分的应对准备，以不变应万变，为维护祖国的和平统一与安全，以高科技“杀手锏”构筑我国防的“金色盾牌”。

2003年2月

浅谈新中国成立到50年代末我国确立“一边倒”外交战略的合理性

核心提示：外交策略中离不开“历史时空”。从新中国成立到50年代末，是新中国外交的重要一页。从这一页中，我们不仅能看到新中国外交关系的艰难曲折，而且能看到它对新中国外交的深远影响。

从1949年新中国成立到20世纪50年代末，中国的外交战略是：联苏抗美，与其他社会主义国家站在一起，跟以美国为首的西方帝国主义阵营进行斗争。这就是人们所说的“一边倒”战略。我国为什么会采取这样的外交战略？应该说，在当时国际国内形势下，有其客观的历史必然性，是新中国在冷战时期处理同两个超级大国关系，维护我国利益的重要战略选择。

“一边倒”是新中国领导人面对当时的国际环境，从维护国家利益和意识形态考虑等出发，提出的一个对外战略。任何一个外交战略选择，都有其产生的主客观环境，我国采取“一边倒”的战略也一样。新中国成立后，面对来自国际舞台的各种影响，必须有自己的对外战略选择。当时，美、苏作为两个超级大国，主宰着世界的天平，而两者又相互对立，将世界划分为两大阵营。面对这种态势，新中国从主观上似乎可以有三种选择的权利：其一，同美国友好，与苏联疏远；其二，在美国和苏联之间保持中立；其三，同苏联结盟，联苏抗美。但是，客观上并不这样随意乐观。

从选择第一种外交战略来看，难度比较大。美国长期以来，支持国民党蒋介石政权同中国共产党及其领导的武装力量进行内战，它始终没有放弃对逃亡台湾的蒋介石政府的承认、拒绝承认新中国政权的合法性，以及阻挠新中国取代国民党政府在联合国和其他国际组织中的代表权。建国前夕，中国共产党领导人也考虑到美国对新中国进行干涉的可能性。因此，不管是从国家安全还是意识形态来看，美国均被视为新中国的主要威胁。在这种情况下，新中国同美国保持密切的关系是不太可能的。

从选择第二种外交战略来看，也不具备条件。新中国建国前后，在党外民主人士中也有一些人提出，新中国应当采取中间路线，既不同美国过于亲密，也不倒向苏联。例如，张治中将军就曾经向毛泽东建议，新中国在联合苏联的同时，也应当努力同美国及其他西方国家改善与保持良好的关系。他认为，这种政策最符合中国的利益。这个主张类似于尼赫鲁等人所倡导的和平、中立与不结盟的政策。用今天的眼光来判断，它无疑不失为一条良策，能使新中国摆脱东西方冷战的纠葛，一心一意于国内的建设与发展，提高广大人民的生活水平以及中国在国际舞台上的分量。但是，一些因素使得新中国难以在紧张对抗的两大阵营面前采取中立的政策选择：

一是新中国的特殊地位，面临着或亲美或亲苏选择的客观环境。众所周知，新中国建国前夕，东西方冷战已经开始，以美苏各自为首的两大阵营之间的斗争在世界范围全面展开。在战后初期那种紧张的冷战对抗中，新中国的对外战略的选择空间实际上是很小的。中国是世界上人口最多、具有极大军事和经济潜力的大国，东西方两大阵营都不会允许她在冷战中保持中立态度，而是极力将之拉入自己的营垒。中国一直是列强争夺的场所，二战以来，美苏也在该地区展开争夺。简言之，在战后初期两大阵营紧张对立、美苏都努力使中国纳入自己营垒的情况之下，中国是很难采取中立立场的。

二是新中国一穷二白，急需外部的大力帮助。中国长期处于半殖民地状态，又遭受日本帝国主义的入侵和战后多年的内战，这使得新中国在成立初期国力很弱，其社会经济的发展、人民生活水平的提高以及增强国力和捍卫国家安全，都有赖于外部大国的支持和帮助，或求助于美国及其西方盟国，或求助于苏联和其他社会主义阵营国家。换句话说，新中国在建国初期没有实现彻底的中立和不结盟的资本，因为自立的前提是自强，否则就要影响中国的发展建设步伐。

三是从意识形态上，毛泽东等领导人对“一边倒”战略的认同感。在领导人的主观认识上，毛泽东等中国共产党主要领导人对国际局势的认识同苏联是一致的，即认为存在着两大阵营对抗的局面，世界上的国家只能在两者之中作出选择，中立或“骑墙”是不行的。1949年6月30日，毛泽东发表的《论人民民主专政》一文中，对新中国外交战略方针论述得很清楚，这就是向苏联“一边倒”。这同苏联领导人所表述的“两个阵营”的思想是一致的，在很长时期中，它成了新中国外交的重要理论依据。两个阵营的思想是否认在东西方冷战中可以采取中立和不结盟立场的。

向苏联“一边倒”，或者说联苏抗美，之所以被新中国领导人视为最符合中国国家利益、同中国共产党的意识形态信仰相一致的战略选择，是因为：首先，由于中共领导视美国为新中国国家安全的最大威胁，新中国在成立之后联合苏联对抗美国就自然成了其优先考虑的对外战略选择。也就是说，担心以美国为首的帝国主义国家对新中国进行武装干涉，决定了中国同社会主义国家联合的必要性。其次，由于共同的意识形态纽带，中国共产党一直把自己领导的中国革命视为以苏联为中心的国际共产主义运动不可分割的组成部分。在战后初期，由于苏联的特殊地位以及东西方之间的紧张对抗，承认苏联社会主义模式的普遍适用性和苏联在国际共产主义运动中的领导地位，是世界上几乎所有的共产党、包括执政的共产党所奉行的政治路线。毛泽东提出的“一边倒”正是这种政策的自然结果和表现。最后，“一边倒”也是新中国领导人所采取的消除苏联领导人斯大林对中国共产党的怀疑和不信任，从而建立和发展新中国和苏联友好合作关系的战略方针。斯大林在中国革命问题上犯了一些错误，其中之一就是过低估计中国共产党的力量，过高估计美国支持的国民党政权的力量。所以他在中国抗战结束后，一再敦促中共领导人同蒋介石和谈，交出军队，在国民党领导下和平统一中国。中国革命胜利后，他又十分担心毛泽东及其他中共主要领导人，在建立新中国政权之后，会同铁托一样，与苏联分道扬镳，这不仅会对以苏联为首的社会主义阵营起着很大的瓦解作用，而且会损害苏联在远东的利益。因此，毛泽东在新中国诞生前夕明确提出“一边倒”的方针，无疑也是为了消除斯大林对中共所怀有的很深的疑虑，以求苏联对新中国的积极支持。

总之，“一边倒”是中国共产党主要领导人根据对国际局势的估计、从维护国家利益和意识形态考虑等出发而谨慎和独立地制定的一个对外战略方针。在今天看来，“一边倒”战略并不完美，有很大的局限性和弱点，但是，它在当时确实是一个符合逻辑的、适合中国国情和国际形势的战略选择。新中国向苏联“一边倒”、中苏结盟的法律形式就是1950年2月签署的《中苏友好同盟互助条约》。新中国选择“一边倒”战略方针的客观结果是，她在东西方冷战中站在以苏联为首的东方阵营一边，与以美国为首的西方阵营进行较量。可以说，新中国成立后的最初10年，其在国际舞台上的行为基本上是同苏联协调一致的。

应当指出的是，“一边倒”并不意味着新中国在国际舞台上丧失自身独立性，而盲目追随苏联，这只是在对外方针的战略选择而已。

如前所述，“一边倒”战略方针本身就是中国共产党领导人从最大限度地维护新中国国家利益出发、独立自主地制定出来的，而不是别国影响、强加和作用的结果。在建立和维护中苏友谊、中苏同盟的同时，新中国领导人在处理同苏联“老大哥”关系事宜上，始终坚持捍卫国家独立、主权和民族感情的原则。这有许多事例已经证明。因此，“一边倒”战略的提出，并不意味着中国在冷战中成为苏联的“卫星国”。否则，就不能充分认识上世纪50年代末60年代初，中苏两党、两国的矛盾、分歧，以至最后分裂。同样地，在建国前后一段时间，新中国领导人也考虑同美国建立外交关系的可能性，当然其前提条件是美国放弃对台湾蒋介石政权的支持。美国杜鲁门政府也有通过改善中美关系、分裂社会主义阵营的意图。也就是说，在中国建国初期，中美关系一定程度上的缓和并不是不可能的。只是1950年爆发的朝鲜战争使得双方在长期一段时间里处于相互敌视、隔绝的状态，两国在朝鲜半岛、台湾海峡以及印度支那半岛上的紧张对抗。

2002年1月

浅析军事与外交的关系及其在国际政治中的重要影响力

核心提示：一国在国际政治中的影响力是其政治、经济、文化、军事、外交等综合实力在国际交往中的反映。尽管经济、文化等因素的影响力日益增强，但军事与外交在国际事务中依然扮演着非常重要的角色，发挥着特殊的作用。

随着时代的发展，一国的政治、经济、文化等综合因素日益在国际政治中彰显重要作用。但军事与外交作为国家的重要职能，对一国在国际社会上的地位，仍然发挥着举足轻重的作用。二者虽采用的手段不同，但都是为履行维护国家安全与利益、捍卫国家主权与尊严的职能。军事主要是以和平的、武装的力量和手段捍卫国家主权与尊严独立主权，保护国家不受外来侵略，使国家拥有一个安定的国内环境和安全的外部环境。而外交是以和平的政治、经济、文化等手段维护国家的独立地位与利益，为国家创造良好的国际环境。二者相互联系，密不可分，而且通过默契配合，常会产生异曲同工的效果。

一、国家的军事实力和军事潜力，直接或间接影响一国的外交战略

国家的军事实力和军事潜力，作为综合国力的一个重要组成部分，是影响其国际地位的一个重要因素，对外交手段产生重要影响。人们常说，弱国无外交。其中重要因素之一是指军事上的强弱。从这个意义上讲，一国军事上是否强大，决定了其外交方式方法及其国际地位。这一点，前苏联表现的比较明显。由于前苏联在军事上的特别强大，因此形成了国际上与美国成为两霸的格局，其外交也无不打上以军事强大为后盾的烙印。俄罗斯将前苏联的主要军事力量包括大部分核武器继承下来之后，尽管其经济等方面的综合实力已远不如前苏联，但俄在外交上，特别是与以美国为首的西方国家在地区利益、势力之争上，也无不有其军事力量威慑的影子。反过来讲，如果没有其前苏联留下强大军事实力为后盾，其对在国际上的影响力要逊色得多。

外交与军事有着千丝万缕的联系。追述历史，最早的外交就是军

队的传令官。在古代两国交战期间，军队的将领就直接承担外交使命。后来，外交官才与军事长官逐渐分离，但直至资本主义以前的外交都要服从于军事，服务于军事。外交也以军事实力作为后盾，奉行“炮舰政策”的强权外交就是资本主义国际关系的产物。这种外交的显著特点是以军事实力做后盾，以军事威胁、讹诈、恫吓作为实现大国无理要求的手段。

在新时期，随着世界政治格局的多极化、经济活动的全球化和区域集团化，特别是广大发展中国家在国际舞台上地位的提高，以大欺小、以强凌弱的霸权主义空间和市场越来越小，愈来愈不得人心。以和平共处五项原则为基础建立国际政治、经济新秩序，以维护国际和平与安全、促进各国共同发展与繁荣的呼声愈来愈高。但是，这并不意味着，外交依赖国家军事实力和军事潜力的这一规律已经过时。现实生活说明，军事实力仍然是维护国家主权和独立、确保国家安全、实现国家对外战略的必不可少的重要手段。

外交反过来也制约军事行动。战后的局部战争表明，战争双方出于政治、外交的考虑，往往严格控制军事行动的范围。例如英国和阿根廷之间爆发的马尔维纳斯群岛战争，英国政府在战前就明确提出“登陆时机视政治需要而定”和“不轰炸阿根廷本土”。交战双方都力求把战争限制在最小的范围之内，不使其升级。埃及和叙利亚在第四次中东战争之间就反复磋商，把战争规模控制在以色列占领的阿拉伯领土上。在战后和平力量不断增长，反战运动蓬勃发展的条件下，发动战争的国家和交战各方都不能不考虑外交战略的问题。

二、外交在和平年代与战争时期，在国际领域中扮演着重要的角色

在和平年代，外交是维护和谋求国家利益的主要工具。而在同别国处于战争状态时，军事则成为维护和谋求国家利益的主要工具。但无论和平年代，还是战争时期，外交与军事都是相互配合的。就战争发生时间来看外交，还应当有战前外交和战后外交之分。这两个时期，与单纯的和平时期和战争已经开始，在外交手段方式方法上，有着明显的不同，而且都有着重要作用。大到二次世界大战之前，小到某个局部战争之后，都有战前外交上的某种预兆征候和战后外交的某种磋商结果。外交在其中显示了重要作用。比如，我国在1989年对越自卫反击战前，开展了一系列外交活动，比较重要的是邓小平同志访美。这是对越作战前，争取美国等国际社会支持，对抗当时苏联与我敌视的有力措施。期间，邓小平在一次接见外宾中，也用外交语言向世界阐明了我们的一个宣言：适当时机我们要教训越南。这是我国要进行对越作战的一个信号，也是我国战前外交的重要方法。

一般而言，战时（包括战前和战后）外交的主要任务有：(1)争取国际社会舆论支持和物质援助，揭露敌人，宣传本国进行战争的正当与必要性。(2)争取同盟国对敌宣战，争取非敌对国家中立，最大限度地孤立敌对国家，并且尽可能分化瓦解敌对国家，保障战争朝着有利于本国的方向发展。(3)就战后诸如恢复国际秩序、战争赔偿、领土变更、战俘交换、和平保障，以及对敌对国家处理等问题同相关国

家谈判。交战国之间还就讲和条件进行外交试探和谈判。(4)签订停战协定。在战争停止后，通过外交谈判签订和约，用法律形式确定战争的结果，最大限度利用战争形成的局势谋求国家的利益和保障战后和平。

由此可见，战时外交的主要任务是配合军事手段，赢得战争，达到国家既定的战略目标。战败国则千方百计通过外交手段减少对本国的惩罚，保障国家的生存和将来的发展。但要保证战时外交战略成功，也需要军事胜利的密切配合。在战争进行中或即将结束前，外交常常以军事为后盾，增加谈判的条件和砝码，有利于争取谈判的主动权。在朝鲜战争期间，只有朝中人民军队在军事上打败了美国，把侵朝美军逐回到三八线附近，才于1951年7月迫使骄横不可一世的美国政府坐下来，就停战进行谈判。直到1953年5月，朝中民军队取得夏季攻势的彻底胜利，才迫使美国于同年7月27日在板门店签订停战协定。军事胜利成为外交胜利的坚强后盾。

和平时期，军事力量同样给外交以不同的影响。比如，在台湾问题上，当台湾当局鼓吹和叫嚣“台独”时，在我方强大军事压力下，其后台美国也不得不向世界宣布其坚持“只有一个中国”的态度。其重要原因之一，就是我强大的军事实力特别是核武器做后盾，对美国有一定的威慑力量。从另外角度看，美国之所以不顾众多国家包括其盟国反对，一意孤行地实施战略导弹防御计划，就是为了打破国际上的军事平衡，在军事上处于单极优势，实现其对外指手画脚的霸权主义外交战略。因此，必然受到绝大多数国家的反对。

三、军事与外交互为补充，共同服务于国家战略

军事战略也好，外交战略也罢，都应是实现国家整体战略的组成部分，都应为国家的总战略服务。当然，国家的总战略不是没有基础和根据的，是受国家的军事、外交，以及政治、经济、文化等各个方面因素影响的。以美国为例，一般认为，制定国家战略和国家安全战略是总统的特权，他要依靠国家安全委员会来制定。国家安全委员会实际上是美国和平时期的军事内阁。而制定军事战略则是参谋长联席会议的职责，但并非由参谋长联席会议独立所为，国务院、行政管理和预算局、财政部、商务部等国家行政部门，各军事工业垄断组织都参与军事战略的制定，各种“利益集团”都对国家的军事战略施加影响。这种军事战略反过来影响国家的外交政策。在美国，每一特殊利益集团都竭力按照自己的愿望施加影响。军方往往希望追加国防预算，在海外部署大量部队，取得和保持军事基地，供美国驻军、进行情报活动、配置战术核武器和越境飞行之用。军方认为，在海外驻军、保留军事基地是国家安全的需要。军方领导、军事、工业集团也鼓励向其他国家提供军援，出售军火，以同别国结成军事同盟，实现西方整个防务计划。美国国务院同时在外交领域开展工作，以求得到相关国家政府的同意。

中国的军事战略和外交战略都由国家总的政治战略所决定的。这就是以经济建设为中心，坚持四项基本原则，坚持改革开放，实现中国的社会主义现代化。与此相适应，中国奉行独立自主的和平外交政

策，在和平共处五项原则的基础上同世界各国发展友好合作关系，为中国的社会主义现代化建设争取长期稳定的国际和平环境。中国提高军事能力，其目的也是为了反对以军事实力为后盾的强权外交、霸权主义，维护和促进世界和平与发展，为中国营造一个良好的和平建设的国际环境，从而实现富民强国的总目标。毫无疑问，国家的总体战略能否实现，其军事战略和外交战略科学制定与有效实施，具有举足轻重的影响力。

总之，军事与外交各有千秋，互为补充。解决国家间的矛盾与冲突，维护一国的利益，有时需要通过外交手段得以有效地解决和实现；而当外交手段遇到僵局、难题时，运用军事威慑等手段，也能达成某种协议或平衡；而有时则需要军事、外交双管齐下，综合运用，使问题得到解决。当然，军事与外交手段也并非灵丹妙药，像印度与巴基斯坦的冲突，以色列与巴勒斯坦的战火等世界一些地区的矛盾冲突，可以说，外交与军事手段已用至极，但令人遗憾的是，至今未能迎来和平的曙光。其中的原因，显然不是单纯的军事和外交手段所能左右的。

2002年8月

从70年代中美由敌视到建交的几点思考

核心提示： 把中美关系放在特定的历史背景中去考察，有助于认清和理解历史发展的客观必然性。二战后，以苏美为“头”的社会主义与资本主义两大阵营的建立，使中美关系陷入互为敌视的僵局。随着时空的转换和国际政治格局的发展变化，中美和解也成为“共赢”的历史选择。

以史为鉴可以知兴替。上世纪70年代，中美关系由长达20年之久的横眉冷对，到双方领导人实现由衷的历史性握手，在时光进入21世纪的新的历史时期，考察两国之间这一具有里程碑意义的惊人历史性跨越，以及通过两国接触、对话、谈判、斗争、互让、建交等一系列外交活动，对于我们从中领悟国际政治真谛，正确认识和处理中美之间遇到的现实问题，以及未来发展趋势，具有非常重要的现实和历史意义。

一、中美共同的利益和需求使双方握手言和，符合和平发展的时代主题

中华人民共和国自1949年成立后，美国一直拒绝承认。中美两国关系隔断了20多年。70年代初，美国第37届总统尼克松上台，由于越南战争的沉重负担，国内政治、经济以及社会危机的加深，使美国在同苏联的争霸中，日益处于不利地位。受命于危难之际的尼克松，决定调整其外交政策，其中重要一项决策就是要同中国改善关系，以求“为自己找个可以依靠的有利地位”，对付苏联的扩张。中国也对苏联的扩张保持高度警惕。珍宝岛事件后，使中国对苏联更加明显的意识到，苏联已对中国的安全构成直接严重威胁。为了创造一个有力于中国的安全的国际环境，中国也需要改变同两超级大国为敌的不利局面。因此，中美都有调整对各自的态度和政策的愿望。

为尽快融化中美之间长达20多年的不解，达成共识，中美双方都以各自不同的外交艺术，演出了富有戏剧性的外交活剧。美国总统尼克松表现出极大的主动性。他在就任总统后的第12天，即指示总统特使基辛格“探索同中国人和解的可能性”。接着，相继请法国、巴基斯坦、罗马尼亚等国总统把想与中国“对话”的信息传递给中国领导人，并派

基辛格秘密访华。与此同时，采取了诸如美国学者、国会议员等可以访问中国、购买中国商品、停止美军在台湾海峡巡逻等一系列改善关系的实际行动。对于美国的友好言行，中国也及时作出了相应反应。10月1日，毛泽东主席邀请美国记者埃德加·斯诺夫妇上天安门，与他一起检阅国庆游行队伍。以这种中华民族特有的思维方式向美国发出友好暗示。毛泽东向斯诺说："目前中美两国之间的问题要跟尼克松解决"，"如果尼克松愿意来，我愿意和他谈"。中国还邀请美国乒乓球队访华，以"乒乓外交"，促使"小球转动了大球"。双方经过多轮谈判，求同存异，达成谅解。美国承认中华人民共和国为中国的唯一合法政府，接受了与台湾的断交、废约和撤军三原则。终于使冰冻了20年的中美关系解冻了，两国领导人握手言和。以中美双方同时发表建交《联合公报》为标志，中美关系走上了正常化的发展轨道。

中美双方实现关系正常化的历史选择，掀开了国际政治的新篇章。正像美国总统尼克松所言："当我们的手相握时，一个时代结束了，另一个时代开始了"。对美国来说，实现了其调整全球战略的意图，赢得了自身快速发展的历史机遇。对中国来讲，是中国外交工作的重大胜利。不仅增加了与苏联作斗争的威慑力，对维护亚洲—太平洋地区乃至世界和平与稳定起到了重要作用。更重要的这是中国政府一次开天辟地的思想解放，使中国从思想和行动上打开了对外开放的大门，创造了与外部进行交流的国际环境。这对80年代实行改革开放政策，以至今天始终坚持这条基本路线不动摇，都有不可低估的影响。可以说，如果没有当时同美国的关系正常化，毫无疑问会影响中国改革开放政策的调整以及发展建设的历史进程。

二、中美还有许多待解难题，需加强磋商交往和谨慎对待

尽管中美双方打开了正常化的大门，但正常化不是万事如意的代名词。双方并非亲密无间了。中美双方由于社会制度、意识形态、价值观念等方面的差异，综合国力的强烈反差，台湾问题不可调和的立场，以及战略利益的冲突等，这些潜在的矛盾和危机，使相互关系仍然存在许多未知数和难解之谜。

首先，社会制度、意识形态、价值观念等差异，使美国对中国的“和平演变”战略一直怀有不死之心。六七十年代，社会主义与资本主义的矛盾，尽管有时矛盾突出，有时不太突出。至80年代双方抛却意识形态的隔膜，特别是“中美817公报”发表到建交前后的相当长一个时期，成为双方的“蜜月期”。但由于以美国为首的西方资本主义国家对社会主义国家一直推行着“和平演变”战略，致使苏东发生剧变。到90年代，美国也一直用多种手段对我实行“分化”、“西化”，利用人权问题、西藏问题对我进行攻击，干涉我内政，甚至不惜用反人类、反科学、反社会的“法轮功”邪教组织作为反华的一个工具，成为影响两国关系的一个不和谐因素。

其次，台湾问题是双方关系的最大障碍。一方面，美国把台湾作为

一艘不沉的“航空母舰”，来实现其对我及亚太地区的钳制战略。因此，影响中美关系的核心问题、焦点问题和敏感问题，说到底是台湾问题。70年代，美国迫于当时的战略需要，承认台湾是中国的一部分，同意中国的“三不’原则，并承诺“逐步减少对台湾的武器出售，并最终解决这个问题”。但行动上并未真正履行诺言，抛出严重违反国际法准则的所谓《与台湾关系法》，实质是把台湾作为一个政治实体来对待，并时常在政治方面、售台武器方面等人为制造麻烦，使台海地区出现紧张局面。另一方面，美国不希望很有发展前途的社会主义中国迅速在东方崛起，成为阻碍其实现单极世界的一个重要力量。

第三，中美之间含有潜在的“不对称外交”成分。美国依仗其唯一超级大国的国际地位，从不把别国放在眼里。其霸权主义思想也毫无例外地体现在对待中美关系上。美国常常充当始作俑者的角色，肆意破坏中美之间友好的气氛。而中国对美国则是真诚友好相处，正像邓小平所说的：“中国没有做任何对不起美国的事情。”因此，中美关系要有良好的发展，美国必须消除其霸权主义心理。

三、勇于迎接新挑战，在有理、有利、有节“双赢”中推动中美关系向前发展

中美关系即有竞争对抗一面，又有互利合作一面，在经济方面合作多一些，而在军事方面仍有许多矛盾分歧。从整体发展看，互利合作大于竞争对抗。积怨20多年尚能打开彼此的心扉，何况已经过了近

30年的正常化交往。考察70年代以来中美关系的发展轨迹，是在“合作—斗争—合作”中向前发展的。从70年代打开中美关系大门，到80年代中美建交、90年代成为战略伙伴关系，尽管中间有这样那样的问题、矛盾和冲突，但总体上是向前发展的。

这里，关键是我们要更新观念，面向未来，尤其在中美遇到复杂矛盾时，应坚持有理、有利、有节的原则，积极磋商解决，一时难以达成共识的，如属原则问题，也不能退让，维护祖国安全利益。只要我们坚持正义的选择，像70年代因中国长期反对美国在亚洲，尤其是中国周边地区侵略政策的斗争，使美国遭到重创，从而使美认识到这一点，并寻求与中国改善关系。80年代，“中美817公报”的签订，是中国始终坚持“三不”原则的结果。90年代，里根政府继续发展中美关系，克林顿谋求建立“战略伙伴关系”等，都无不与中国坚持正义的、合理的原则有关。当然解决原则问题，也需要更新观念，不断找到新的方法和途径。

今天，中美关系随着布什新政府上台又遇到了新的历史挑战。由布什表示不友好的言论开始，到售台武器升级，中美撞机事件等一系列摩擦、冲突，前面的路似乎险象环生，吉凶难料。但从70年代以来的发展趋势看，不会滑至70年代之前的谷底。特别是关系到台湾回归祖国这一主权原则问题中国没有退路。正像50年代朝鲜战争没有退让，越南战争没有退让，以至70年代我国提出“三不”原则没有退让一样，任何想把台湾分离出我国的企图，都是不合时宜的，美国也很难下玩火自焚的赌注。

不言而喻，中美两国向互助合作方向努力，是个“双赢”的选择。今年6月1日，美国总统布什致信参、众两院领导美国人，正式要求国会同意将对华正常贸易关系再延长一年。布什在随后发表的一份声明中强调，“公平贸易不仅对于提高美国人生活水平非常重要，而且对于发展强健的、富有成果的对华关系必不可少”。他还强调，美国需要中国在共同利益的领域内保持对话与合作。“一个经济上开放、政治上稳定和安全的中国有着重大的利害关系”。这一言行，显然与前面的强硬态度相左，也许这是美国不得不改变对华政策和态度的一个信号和选择。

2000年2月

浅谈"9·11事件"对南亚和中亚战略格局的影响

核心提示：发生在美国的"9·11事件"引发了国际政治中的一系列"连锁反应"。正像一只蝴蝶在南美洲某个角落扇动一下翅膀，最终可能在美国得克萨斯州引来一场龙卷风一样。其中，对南亚和中亚的战略格局带来了重要的影响。

美国东部时间2001年9月11日早晨8：40（北京时间9月11日晚上）恐怖分子劫持4架民航客机撞击美国纽约世界贸易中心和华盛顿五角大楼，包括美国纽约地标性建筑世界贸易中心双塔在内的6座建筑被完全摧毁，其他23座高层建筑遭到破坏，美国国防部总部所在地五角大楼也遭到袭击。这一历史事件（即"9·11

事件”），震惊了世界。它既对美国不可一世的霸气给予了沉重的打击，同时也为其打着“反恐”旗号，顺理成章地插手有关地区，推行其全球战略提供了良好契机。其中，作为反恐打击目标——阿富汗所在地区的南亚和中亚，是其发挥新的影响力的地区。换言之，“9·11事件”为美国直接插手中亚地区赢得了机遇和主动权。中亚各国不得不根据自身的利益作出战略调整，给这一地区战略格局带来新的更大的影响。

一、南亚和中亚各国调整对美态度，国际政治的天平朝有利于美国的方向发展

巴基斯坦转换了在美国政府中的角色。冷战时期，南亚地区明显地被分成苏联——印度和美国——巴基斯坦相互对立的两极。冷战结束后，印美关系日渐接近，美巴关系日渐疏远。2000年春季克林顿访问南亚时，首次称印度是“世界上最大的民主国家”，“美国的天然盟友”，而批评巴基斯坦穆沙拉夫军政府“践踏民主”，出现了美国“重印轻巴”的倾向。美国这样做显然是为遏制在2015年后可能成为“与美匹敌的竞争者”或“潜在威胁”的中、俄两大国而所作的全球和地区战略安排。“9·11事件”后，美国重新发现巴基斯坦战略地位的重要性，采用政治施压和经济利诱相结合的手段，促使穆沙拉夫政府下决心在反恐和阿富汗战争中与美国合作，美巴关系重新提升。巴基斯坦也明确表示支持美国打击恐怖势力。阿富汗战争开

始后，巴基斯坦更是向美军提供全方位的军事支持，表现出了明显的亲美倾向。可以肯定，随着美国在中亚地区力量的存在，巴基斯坦将表现出更多投向美国的外交姿态，美国对巴基斯坦的影响力将明显增大。

印度与美国的关系正在向着质变的方向快速发展。尽管印度曾声称它不会以牺牲与俄罗斯的传统关系来发展与美国的关系，但是从总的趋势看，印美俄三角格局正在向着有利于美国的方向重组。2001年11月5日，美国国防部长拉姆斯菲尔德访印，与印国防部长费尔南德斯就建立美印“协同防御伙伴关系”等问题举行会谈。一个月后，美国防部副部长费思率领一个军事小组访印，参加自1998年印度核试验后暂停工作的印美防务政策小组会议，与印高官讨论了扩大两国军事合作的措施，美国同意加快步伐恢复印度的武器采购优先权，并当场同意接受印度提出的7项购买美制武器装备的要求。双方还同意成立一个“安全合作小组”，强调“印美在全面战略合作中拥有稳定、长期的防卫设备供应关系的重要性”。会后，印美防务政策小组发表的声明说，印美两国“在亚洲及更远的地方有着共同的战略利益”，双方的防务及安全合作“会促进自由、全球和平、经济发展以及安全”。至此，美印关系已真正进入了战略合作的新阶段。

乌兹别克斯坦与美国的关系迈出惊人的一步。美国舆论认为，乌兹别克斯坦是中亚人口最多的国家，只要乌兹别克斯坦进一步密切与美国的关系，就将改变这个地区的力量对比和地缘政治。西方国家也认为，“谁控制了乌兹别克斯坦，谁就控制了中亚。”该国人口占中亚五个前苏联共和国总人口的一半，其常规军队是五个国家中数量最多、实力最强的。2001年10月中旬，美乌达成反恐军事合作协议。12月6日，美乌又在华盛顿签署了经济合作协议，根据该协议乌在2001年年底获得了一亿美元的援助，同时美国进出口银行给予乌国家银行5千万美元的贷款，美方还将帮助乌恢复与国际货币基金组织的关系。12月8日，美国国务卿鲍威尔访乌时还带去了布什总统给卡里莫夫总统的亲笔信，布什在信中表示，美国还将大幅增加对乌的援助，并对乌执行“独立的”对外政策的努力给予支持。外电说，“这实质上就是在帮助乌摆脱俄罗斯的影响”。乌兹别克斯坦和塔吉克斯坦允许美军驻扎该国基地，使美国有史以来第一次将自己的军队开进中亚地区。乌兹别克斯坦官方甚至公开表示，如果美国政府需要，美军可以在乌兹别克斯坦长期驻扎下去。这样，乌兹别克斯坦就有可能成为美国军事立足中亚的主要国家。

伊朗抓住阿富汗战争的机遇谋求改善和美国的关系。据伊朗媒体透露，阿富汗战争开始后，美国希望伊朗向北方联盟提供军事支持。在美国的默契配合下，伊朗源源不断地向北方联盟提供了大量的军事援助，对阿富汗北部局势产生了直接影响。虽然美伊关系仍矛盾重重，症结难解，但美伊关系的部分改善将难以避免。

我国也表示支持美国反恐行动。中美有着许多共同的利益。“9·11事件”后，为中美关系的改善和发展创造了新的空间。美国发动的反恐战争重创以本·拉登领导的“基地”组织为代表的国际恐怖势力，使中国面临的恐怖分裂威胁在短期内也有所减弱。因此，中国采取了支持美国反恐行动的立场，一定程度上缓解了中美关系。

二、谋求构筑有利于自身的地缘政治环境，大国在该地区将展开新的更加激烈的争夺

“9·11事件”和阿富汗战争的爆发，拉开了大国在中亚地区展开角逐的序幕。从当前和今后较长时间来看，这种角逐包括两个层面或阶段。*在第一个层面或阶段*，大国在中亚地区的争夺，主要围绕对阿富汗的军事打击和阿富汗的政治重建展开。在军事上，美俄在围绕未来阿富汗军事主导权问题上已经展开了激烈的竞争。“9·11事件”后不久，2001年11月18日，俄罗斯就开始对阿富汗发动政治攻势。这天，由俄罗斯外交部国防部的官员、专家组成的先遣组就乘直升机从邻近的塔吉克斯坦飞抵喀布尔。这是“9·11事件”后，俄罗斯对阿富汗的首次政治介入。这个先遣组肩负的使命是：与以北方联盟为代表的阿富汗政治派别商讨战后阿富汗政权的组成问题；启动俄罗斯对阿富汗的人道主义援助；着手俄罗斯驻阿使馆的修复工作等。11月26日，12架满载各种物资装备的俄罗斯军用运输机，在3个小时内连续降落在喀布尔附近的巴尔加姆机场。这是自阿富汗战争开始以来，俄罗斯军用飞机首次降落在阿富汗境内。*第二个层面或阶段是*，在阿富汗战争结束后，俄美展开的激烈争夺。这种争夺主要围绕构筑有利于自身的地缘政治环境来展开。可以肯定，阿富汗战争结束后，美俄将在中亚地区展开大范围、全方位的争夺。对传统的中亚五国，俄罗斯

将加大政治和军事的控制力，最大限度地削弱和排挤美国对这一地区的军事影响。如果今后美国在乌兹别克斯坦和塔吉克斯坦的驻军不撤走，在塔吉克斯坦的2万名俄罗斯驻军将形成与美军直接对垒的局面。与此同时，美俄将在与阿富汗、巴基斯坦、印度和伊朗等国的关系上展开新的较量。从一定意义上讲，第二个层面或阶段的争夺比第一个层面或阶段的争夺将更加激烈、更加全面、更加持久。当前，恐怖威胁和反恐怖战争把美俄两国紧密地联系在一块，双边关系中的一些矛盾有所掩饰。在反恐战争获胜、共同危机消失之后，美俄间以反恐为核心的新型合作关系面临考验，双边关系中的一些结构性矛盾将再次凸显。

由于印美关系的迅速发展，印度在南亚的地位得到明显加强。阿富汗塔利班政权垮台后，受印度支持的北方联盟得势，阿富汗临时新政府中来自北方联盟的塔吉克族内政部长尤努斯·加努尼、国防部长穆哈默德·法希姆和外交部长阿卜杜拉·阿卜杜拉巴先后访印，而不是访巴。加努尼在访印期间要求印度帮助建立“有效的警察制度”。《印度斯坦时报》说：“这反映印度在喀布尔的影响上升，也显示北方联盟的领导人对巴基斯坦尚有疑虑。”印度《政治家报》前总编辑苏南达·达塔一雷朱伊评论说，印度的地理位置将被用来监视东西两侧与海湾地区之间的海上通道，美国改善与印度的关系是实现它“在南亚的重大战略重组”，达到南亚地区的力量平衡，“这样既可遏制伊斯兰好战势力、又能遏制中国的力量。”

还有一个值得注意的变化是巴基斯坦与伊朗关系的新发展。自塔利班于1994年在阿富汗执政以来，巴伊因在对待塔利班的关系上相悖而使得两国关系恶化。近来随着塔利班政权的垮台，两国关系迅即转暖。伊朗外长和国防部副部长先后访巴，双方不仅讨论了地区政治形势，协调了两国对阿富汗的政策，并且商讨了军事方面的合作。外电评论说，两国正在建立战略合作，他们之间的接近“是为了对抗西方和俄罗斯在阿富汗正在增长的影响。

三、“反恐后遗症”不容乐观，南亚和中亚地区尤其是我国的西部安全环境面临新的挑战

从阿富汗未来政局走向来看，尽管波恩会议已就组建阿富汗过渡性临时政权达成协议，但这并不是阿富汗问题的解决。在阿富汗政治重建问题上，美国的军事打击与政治重建的关系，美国与阿富汗各派别的矛盾，阿富汗国内各主要派别在政治重建问题上的矛盾，国际社会尤其是周边国家围绕阿富汗政治重建所持的不同立场及其相互矛盾，将导致阿富汗政局新的不稳定。如果这些矛盾解决不好，有可能酿成阿富汗新的内乱乃至内战。同时，阿富汗有可能被美国“军事化”和“反恐化”，这将对今后阿富汗的发展投下阴影。阿富汗要想彻底摆脱战乱的局面，真正走向政治重建和经济发展的道路，还需要相当长的时间。

从巴基斯坦局势来看，阿富汗战争打破了巴基斯坦已有的政局稳定，有关各方在围绕是否支持美国军事打击问题上，矛盾十分尖锐，

立场明显对立。阿富汗政局的不稳将诱发巴基斯坦政局的不稳，北方联盟在军事上的主导，将使今后的巴阿关系更加错综复杂。如果本·拉登的“基地”组织逃到巴基斯坦，将使巴基斯坦不稳定的政局雪上加霜。不排除今后印度伺机在克什米尔问题上制造事端、挑起冲突的可能，巴基斯坦政府面临更加严峻的安全和外交挑战。

从对我国的战略影响看，“9·11事件”和阿富汗战争打破了我国西部安全环境的战略平缓态势，使我国西部安全环境趋于复杂，挑战趋于严峻。应当看到，“9·11事件”对中国带来的正面效应是短暂的、局部的，而负面效应却是深刻、全面和长远的。

一是以中亚为核心的地缘政治版图的变化将对新世纪的中国国家安全提出一系列新的课题和难题。中亚地区表现出的明显的亲美化、美国在中亚地区军事力量的长期存在和对中亚地区政治影响力的明显增强，将使中亚地区的政治版图更多地按照美国的利益来描绘。如果今后美国真的控制了中亚地区，北约东扩将会加速推进到中亚地区，美国的军事实力将直逼中国的西部。这样，西部安全问题将更加严峻，如果处理不好，中国将面临东西两线腹背受压的战略被动局面。

二是随着中亚地区力量对比关系的变化，我国在这一地区的影响力将会受到极大的牵制和削弱。西北部边界曾经是中国战略安全的心腹之患。20世纪80年代中期后，我国大力推行睦邻友好外交，全面发展与中亚各国的双边和多边合作关系，使我国西部安全环境处于建国以来最好的时期。2001年4月，我们又成功地将“上海五国”升格为“上海合作组织”。上海合作组织的诞生，是中国推行多边睦邻外交的重要成果，标志着中国与俄罗斯、哈萨克斯坦、塔吉克斯坦、吉尔吉斯斯坦、乌兹别克斯坦等国的关系进入新的发展时期，中国成为中亚地区和平与稳定的一支重要力量。但是，美国的“反恐”联盟弱化了上海合作组织，美国的反恐战争削弱了上海合作组织的反恐功能，上海合作组织面临着“空心化”和“边缘化”的危险。中俄战略协作伙伴关系也面临新的课题。如果巴基斯坦政局发生不测，巴基斯坦更多地推行亲美政策，也将对中国在中亚和南亚地区的安全环境产生消极影响。

三是未来阿富汗政局的走向将对中国的中亚外交提出新的挑战。20世纪90年代中后期，阿富汗当局曾公开向中国表示，不会直接支持任何针对中国的宗教分裂活动，不会成为中国境外任何针对中国宗教分裂活动组织的基地，中国与阿富汗保持了一种互不干涉的建设性关系。如果今后阿富汗政局长期不稳，甚至美国在阿富汗建立一个变相的亲美政权，将对中阿关系的发展形成新的挑战。从一定意义上讲，如果未来的阿富汗政权是亲美的，那么，对中国的睦邻合作态度将会发生变化。因此，我们应趋利避害，在西部大开发中充分注重国防建设，努力创造一个有利的西部安全环境。

总之，南亚和中亚地区的格局变化仍是不稳定的，具有很多不确定性。从某种程度上讲，只要美国反恐战争没有取得“彻底胜利”，世界范围内恐怖与反恐怖的矛盾就很难得到缓解。而且，本来意义上的针对极端恐怖势力的反恐战争有可能被泛滥化和扭曲化。美国企图借用反恐怖战争之名，更多地打击所谓的“无赖国家”或“流氓国家”，扩展美国的霸权势力。正如美国支持以色列盗用反恐战争之名，把战争炮火直接指向整个巴勒斯坦和阿拉法特个人一样，如果以美国为代表的西方国家不能严格限定反恐战争的对象和范围，肆意扩大反恐战争，将使世界范围内恐怖与反恐怖的矛盾斗争增加新的变数，呈现出更加复杂的局面。

2001年7月

从国际战略上正确认识和处理民族问题的思考

核心提示： 自然界因万物丛生而五光十色，人类社会因多民族共处而丰富多彩。不同民族间的相互理解、相互融合、和谐共处，为世界大家庭带来了幸福祥和的美好前景。但也有利用民族矛盾兴风作浪的不和谐音符。对此，应有所警觉和防范。

在新的历史时期，民族问题对国家安全和稳定的影响正在加大。因民族问题引发冲突、动乱，甚至外国干涉，已屡见不鲜。以美国为首的北约一些国家，公然以战争手段干涉南联盟内政，就是以南联盟的民族问题为借口，打着“人道主义”旗号进行的。同样，科索沃因民族问题引发争端，成为北约出兵科索沃一个由头，不但没有使这一地区的民族问题得到解决，反而出现新的危机。这些，都给国际安全秩序和国家安全稳定提出了新课题。因此，从国际战略角度，正确认识和处理民族问题，维护国家安全和稳定具有重要意义。

首先，民族问题是多数发展中国家面临的主要社会问题，成为国家安全的薄弱环节。据统计，当今世界上有4000多个民族、种族，其中约有2000个不愿意留在现在的国家内，想成为独立的国家。第三世界国家经济落后，文化、教育水平相对较低，民族地区自然条件相对恶劣，民族之间的发展差距和事实上的不平等在短时间内不可能消除，民族矛盾也会长期存在。如果有外国敌对势力从中挑拨离间，民族矛盾很容易被激化。民族问题是危及国家主权和领土完整的要害所在。西方国家以民族问题作为其扩张的突破口，往往能以很小的代价获得重大战略利益。美国兵不血刃地取得了冷战的胜利，西方恢复在巴尔干半岛传统势力范围，都说明了这一点。

其次，民族问题成为西方对第三世界国家进行“人道主义”干涉的政治借口。冷战结束以后，民族问题是一个敏感的社会问题，特别是容易被别有用心的他国所利用，是目前解决问题难度增大的主要原因。西方国家每每打着所谓的人权、民主的幌子，肆意干涉他国内政。不同民族之间出现的问题，也可以构成西方"人道主义干涉"的政治理由。第三世界国家一旦发生严重的民族冲突，免不了要发生流血事件。而且在国家主权受到威胁时，当事国很可能采取必要的暴力手段。西方国家以此为借口，煽动公众支持外国势力的介入和干涉，发动战争。按照国际法和联合国宪章，科索沃危机毫无疑义是一个国家的内部事务。然而，在美国等西方国家，却编造大量谎言，诬蔑南联盟在科索沃实行种族灭绝政策，铺天盖地的报道科索沃地区塞族的“暴行”和阿族难民的景况，很快把这一纯粹的国内问题迅速国际化，为北约采取一致的军事行动铺平了道路。

第三，西方正在进一步完善新干涉主义理论。1999年4月23日，北约19个成员国在北约成立50周年的大会上，通过了《联盟的战略概念》，提出要进一步推行西方的价值观，鼓吹“人权高于主权”，“重申准备处理北约成员国领土之外的地区和族际冲突”，确定了未经联合国同意就可以将军事行动扩展到北约领土之外用兵的原则，进一步完善新干涉主义理论。科索沃战争就是以美国为首的北约以民族问题为突破口，实践其扩张理念的一次尝试。对这种肆意干涉别国内政的霸权主义荒谬理论，我们要坚决反对和保持高度警觉。

我国有55个少数民族，其中有34个民族跨界而居，涉及数千万人。建国以来，以美国为首西方敌对势力，尽管随着国际形势的变化不断调整，但始终服从于其称霸全球的战略目标，遏制、“西化”、“分化”中国的用意从未改变。近年来，美国在台湾问题、西藏问题及其人权问题、宗教问题上不断对中国发难。着手调整对印政策、积极介入中亚事务，也是实施其对华遏制战略的重要步骤。因此，处理好民族问题，是反对霸权主义干涉、捍卫国家主权的重大战略课题。

首先，要认真总结和汲取历史经验，从政治和经济上维护民族团结。前苏联和南斯拉夫在处理民族问题上的经验教训是十分深刻的。从经济上看，苏联的解体，内在深层的原因是体制僵化，国民经济长期停滞不前，降低了社会主义的吸引力和国家的凝聚力，从而导致民族分裂主义急剧膨胀。南斯拉夫各民族地区经济存在严重的发展差距。1965年，最富的斯洛文尼亚与最穷的科索沃人均收入差距为4:1，到1990年扩大到7．5:1。发展中国家经济整体水平与世界发达国家之间的差距、民族地区之间的经济差距，成为民族矛盾激化的十分重要的原因。去年北约敢于置联合国于不顾，对南联盟发动侵略战争，很重要的原因是南联盟国力不强，在外交上也陷入孤立。从政治上看，前苏联提倡政治多元化，南斯拉夫中央弱、地方强的政治体制，都是导致民族主义泛滥和失控的重要原因。

我国要认真汲取前苏联和南斯拉夫的教训。建国50年来，我国实行民族区域自治制度，少数民族的平等权利得到充分保障，有力地促进了民族团结和民族地区经济、文化的发展。但也存在一些有待解决的问题。如改革开放20年来，沿海和东部地区已率先发展起来，中西部与东部之间的差距逐年增大，而且在中西部的边远地区和山地的民族地区经济尤其落后，这种地区经济的不平衡性将对民族团结产生某种程度的影响。因此，要从多方面入手，抓好各项建设。如：以政治稳定和经济发展为基础，坚持民族平等、共同进步；以建设社会主义精神文明和完善社会主义法制为保障，坚持实行民族区域自治；以政策导向、资金流向、人才培养等为举措，扎实推进西部大开发，从根本上改变少数民族地区经济上的落后面貌，保证少数民族地区经济跟上国家整体发展水平，实现各民族的共同繁荣，促进各民族的大团结；同时，以外交为辅助手段，积极开展国际合作，创造良好的周边环境，孤立民族分裂分子。

其次，要把增强中华民族的凝聚力作为维护国家安全的重要战略课题。民族凝聚力主要是指民族对其成员的吸引力、成员对民族的向心力和成员之间的亲和力。它是一个国家和民族团结、稳定、发展的保证，是关系民族兴衰的根本性问题。而思想文化建设如何，对能否产生民族凝聚力具有十分重要的影响。15世纪末叶，奥斯曼帝国入侵波黑后，一手拿剑，一手拿《古兰经》迫使部分塞尔维亚人皈依伊斯兰教。这一招不但把波黑塞族从根本上一分为二，而且使他们变成了不共戴天的仇敌。第二次世界大战以来，美国各届政府都把价值观和文化输出放在势力扩张的重要位置。克林顿政府上台后，拨款3000万美元筹建“自由亚洲电台”，1994年度用于“民主计划”的预算达25亿美元。西方之所以热衷于“人权”外交，热衷于文化和价值观输出，是因为它能通过潜移默化的思想文化影响，削弱一个民族的意志，削弱一个民族团结和存在的基础，赢得比军事征服和经济控制更为彻底和长久的胜利。1992年波黑境内的民族主义被煽动起来后，穆族电台最新最受欢迎的歌曲之一，便是预言战争结束后塞族的尸体将飘向河流；而塞族最新的歌曲则是描写穆族土地将在塞族手里燃烧。此后三年多的波黑民族内战造成了20万人死亡，近200万人流离失所，工业产值减少了95，经济损失达1700亿美元。西方输出文化和价值观，削弱、瓦解和控制别国，不仅带有根本性和长期性，而且在今天和平与发展的大趋势下还具有隐蔽性和欺骗性。对此，我们必须引起高度重视。

民族凝聚力以文化为根基和纽带，以民族内部政治、经济关系为保证。要增强中华民族凝聚力，就要在政治上，坚持在中国共产党领导下的团结合作、共同繁荣的社会主义新型民族关系。坚持中国共产党的领导是增强中华民族凝聚力的关键。中华民族结束近百年来一盘散沙的局面，人民群众的积极性、创造性，民族自尊心和自信心空前增强，民族凝聚力发生质的飞跃。特别是申奥成功，极大地增强了对中国共产党的信赖和民族振兴的自豪感。我们要加强有中国特色的社会主义文化建设。践行江泽民提出的“始终代表中国先进文化前进方向”的重要思想。以教育为基础，以科技为先导，以提高国民素质为目标，贯彻百花齐放、百家争鸣的方针，努力繁荣社会主义文化阵地。要积极弘扬中华民族文化传统，保持中华民族本色，从而有力地抵御西方腐朽思想文化侵蚀。

第三，要发挥好军事力量在增强民族团结、维护社会稳定中的作用。军队是国家安全的柱石，是震慑民族分裂势力的重要力量，在维护民族团结、解决民族问题中有不可替代的重要作用。反对外来侵略，反对民族分裂，维护祖国领土完整和统一，是国家最高利益所在，是中国人民解放军的根本职能。我们一定要认清责任，牢记使命，在维护社会稳定中发挥更大的作用。

一是充分发挥军队在少数民族地区“两个文明”建设中的作用。大力加强少数民族地区“两个文明”建设，不断缩小与内地的文化、经济差异，逐步提高少数民族地区的文明和发达程度，充分显示社会主义的优越性，是解决民族问题的根本途径。驻少数民族地区的部队和后备力量，一定要牢记我军宗旨，发扬人民军队的优良传统，模范遵守党的各项政策、法令，模范遵守群众纪律，认真做好群众工作，积极宣传党的方针政策和民族政策，传播科学文明，积极参加地方抢险救灾，以文明之师形象影响群众。要把发展少数民族地区经济作为军队和国防后备力量的一项重要任务，积极参加经济建设，为落实西部大开发战略做出应有的贡献。积极开展扶贫帮困，传播科学技术，使少数民族地区群众尽快走上富裕的道路。二是认真做好民族团结这篇大文章。增强民族团结，是反对民族分裂，维护边疆安全的重要保障。早在50年代，邓小平就指出，没有民族团结，就没有西南国防。我们一定要把增强民族团结提到战略的高度，像爱护自己的眼睛一样维护和增进民族团结。坚持不懈地在部队中开展民族团结教育，自觉遵守民族政策，遵守少数民族群众的风俗习惯和宗教信仰。从政治的高度认识从严治军对维护民族团结的重要性，切实加强部队正规化建设，严防违纪引发民族纠纷，影响民族团结。三是积极做好维护社会稳定工作。全国56个民族和睦相处，是实现中华民族振兴的大势所趋，是全国各族人民的共同心愿。个别企图把中国引向分裂的分裂分子，是危害祖国统一的破坏力量，绝不代表任何一个民族的利益。我们要充分认清分裂分子的反动本质，在积极团结大多数少数民族群众的同时，同分裂分子的分裂活动展开坚决的斗争。要加强战备，密切注视分裂分子的动向，认真做好应付一切突发事件的准备，不断提高反分裂斗争的能力，一旦分裂分子铤而走险，进行暴乱等破坏活动，我们就要采取坚决的行动，维护社会稳定。

2003年5月

领导干部要重视提高理论思维层次

核心提示：领导干部的理论思维层次决定其认识问题、分析问题和解决问题的层次水平。革命战争年代，毛泽东等老一辈革命家运筹帷幄之中，决胜千里之外，靠的就是他们宽阔的理论视野和高超的指挥能力。时代在发展，理论思维层次也应与时俱进。

早在100多年前，恩格斯就曾明确指出："一个民族要想登上科学的高峰，究竟是不能离开理论思维的。"[①]恩格斯的这一个论断，至今仍有很强的现实指导意义。一个民族不能没有理论思维，一名领导干部不能没

①《马克思恩格斯选集》第4卷，人民出版社1972年版，第285页。

有理论思维，而且理论思维层次还应更高一筹。领导干部是官兵的统领者、引导者，凭借什么去统领引导官兵呢？第一要素就是领导者想得深、站得高、看得远，有较高的谋略水平，也就是有较高的理论思维层次。这既是对“领导”这一概念质的规定，也是“领导”这一行为过程的客观要求。

首先，较高的理论思维层次，是坚定领导干部自身理想信念的需要。一个领导干部政治上的成熟，要靠理论上的清醒与坚定作保证。可以说，没有理论上的过硬，就没有政治立场上的过硬。理论思维层次的高低是领导综合素质的基础。只有把马克思主义的基本理论的根底打好了，才能在大是大非面前保持清醒头脑，有很强的政治鉴别力和政治敏锐性，从而保持坚定的政治信念。去年，党中央专门召开思想政治工作会议，并提出了“四个如何认识”的问题。为什么提出这样重大的理论问题让大家研究思考，就是因为理论思维的极其重要性。从世界范围来看，当前世界社会主义事业出现了严重的挫折，东欧剧变，苏联解体，给社会主义阵营带来了较大冲击，一些人因此对社会主义的前途命运产生悲观情绪，对社会上的一些错误思想盲信盲从，表面上看是理想信念的动摇，但从实质上说，根本的原因是理论思维层次不高，看问题抓不住本质，思维方式具有片面性。

其次，较高的理论思维层次，是加强新时期思想政治建设的需要。思想政治工作是我们党领导人民从胜利走向胜利的“传家宝”。但是，随着时代和实践的发展，思想政治工作也同其他科学一样，需要发展、完善。特别是改革开放以来，我国社会生活发生了深刻变革，出现了许多新情况新问题。比如，“四个多样化”问题，官兵的思想空前活跃问题等等。与此同时，世界范围的各种思想文化相互激荡，境外敌对势力加紧对我实施“西化”、“分化”的战略图谋，在思想、文化等意识形态领域，对我进行渗透。这就要求我们各级领导干部把理论研究和思维层次提高到一个新的水平，来做深入细致的思想教育工作。在现实生活中，我们不难看到，由于有的领导干部理论思维层次不高，道理说不清、讲不透，使得思想工作苍白无力，常常陷入“上面咬着牙根讲，下面硬着头皮听”的尴尬境地。如果我们各级领导干部具有较高的理论思维层次，及时发现和解答群众中遇到的疑难问题，进行正确的引导，就能使思想政治工作贴近实际，增强针对性和有效性，从而真正发挥思想政治工作的巨大作用。

第三，较高的理论思维层次，是提高领导干部决策水平的需要。理论思维层次的高低，直接影响到领导干部的决策水平。具备了较高的理论思维层次，才能透过现象看本质，把握事物发展变化的内在联系和规律，才能具有全局意识、长远观念、战略眼光，对可能出现的问题进行科学预测，并采取有效的应对措施，不断增强工作的预见性、针对性、系统性和创造性，增强总揽和驾驭全局的能力。当前，我们各级领导班子和干部队伍整体建设水平是好的，但是，也有相当一部分领导干部不适应新形势、新任务、新情况、新问题，有的理论素质和知识水平不适应，有的工作作风和工作方法不适应，有的思想境界和精神状态不适应，不能做出适时适地的决策，因此，单位工作老在低层次徘徊，打不开新局面，上不了新台阶。究其原因虽然是多方面的，但最根本的还是理论思维层次低。不能站在时代的前列，不能从全局出发思考问题，抓不住问题的本质要害，也打不了提前量，只会人云亦云，应付了事。比如，一讲领导重视就搞层层开会，一提转变作风就大下基层，一抓干部队伍建设就是考核，一出问题就集中进行整顿，等等，不一而足。这个问题不解决，作为一名领导干部，不可能做出令人信服的科学决策，也就不可能成为一个合格的领导者。

第四，较高理论思维层次，也是升华领导干部的思想道德水准的需要。改革开放和发展社会主义市场经济的新形势，给我们带来许多新的思想理念，新的生机与活力。同时，也带来了一些负面的诱惑和影响。作为领导干部能不能保持高度的政治警觉，能不能保持思想道德的纯洁，能不能守住清正廉洁的阵地，也需要较高的思想理论层次作根基。胡长清、成克杰等之所以由一名领导干部堕落成为腐败分子、人民的罪人，原因故然是多方面的，其中重要一条，就是理论思维层次不高，迷失了前进的方向，思想道德滑坡，成为权力、金钱、美色的俘虏。江泽民同志在纪念建党75周年座谈会上的讲话中曾经指出："严重的问题在于教育干部。"此言一语中的。

靠什么来提高理论思维层次?只能是与时俱进的不断学习实践。

一要切实牢固树立科学严谨的治学态度。革命导师马克思的治学精神和探求真理的态度为我们作出了榜样。马克思为了创作《资本论》，如饥似渴，读了1540本书，研究了78位经济学家的著作和各种经济史专著880本。没有这些理论基础，很难想像写出如此流芳千古的鸿篇巨著。在革命战争年代，毛泽东等老一辈革命家，条件那么艰苦，都抓紧时间学习理论，并创造性地发展了马克思主义，把马克思主义原理同中国革命具体实践相结合，指导中国革命从胜利走向胜利。在今天日新月异的时代，领导干部更需要有艰苦的学习精神，不断吸收知识的营养。这是提高领导干部理论思维层次的重要途径。

二要不断吸取新知识特别是高科技知识的营养。当今世界，国际格局多极化趋势日益明显，经济全球化趋势正在深入发展，科技进步日新月异，知识创新空前加快。许多实践证明，越是日新月异的时代，越是竞争激烈之时，就越需要理论的指引。如果我们无视新知识新技术的挑战，故步自封，靠吃老本过日子，就会置于“盲人骑瞎马，夜半临深池”的危险境地。从当前干部队伍中存在的问题看，至少要破除三个错误倾向：一是自满的倾向。即满足于完成学习过程，安于现状，以理论水平不高可以过得去，工作经验不多可以对付一阵子自居。坐不下来，钻不进去，忙于应酬。二是浅薄的倾向。即浅尝辄止，满足一知半解，不求甚解，在低层次上徘徊。三是懒散的倾向。即不愿下苦功，零打碎敲，缺乏系统的筹划，形不成完整的体系，甚至摆样子，搞花架子，搞形式主义。这三种不良倾向不破除，提高理论思维层次，就是一句空话。因此，作为领导干部必须重视新知识特别高科技知识的学习，重视新理论、新原理、新技术的学习，在学习中不断提高理论思维层次，增强驾驭全局的本领。

三要把理论创新与实际应用有机结合起来。邓小平曾经指出：“不以新的思想、观点去继承、发展马克思主义，不是真正的马克思主义者。”[②]江泽民也多次强调，创新是一个民族不竭的动力。创新和发展是马克思主义具有强大生命力的奥秘所在。因此，要解放思想，大胆探索，冲破阻碍，用世界眼光来观察和把握世界经济、政治、文化走向与发展趋势，用战略思维来指导所从事的各项工作和建设，努力在不断创新中有所作为。与此同时，要把理论创新坚实地扎根于实践的土壤之中。党的十五大强调，学习马克思主义，一定要以我国改革开放和现代实际问题、以我们正在做的事情为中心，着眼于马克思主义理论的运用，着眼于对实际问题的理论思考，着眼于新的实践和新的发展。这是我们学习的出发点和立足点。当前要反对理论脱离实际做表面文章的错误倾向，努力做到三个结合：结合新的政策出台，用科学理论的基本观点去加深理解；结合一个时期的改革形势，用辩证唯物主义和历史唯物主义观点来看现实，防止思维方式片面性；结合个人利益调整，用党的政治纪律和组织纪律规范教育群众。通过三个结合，把理论与实践有机结合起来，充分发挥理论的指导作用。

原载《邓小平理论学习与研究》2001年第4期

②《邓小平文选》第3卷，P292。

加入世贸组织对搞好科技干部思想政治教育的影响及对策

核心提示：我国顺应经济全球化潮流，主动参与国际竞争与合作，于2001年12月11日加入世界贸易组织（WTO）。由此产生的一些疑问，给人们的思想带来巨大的冲击，科技人员也不能例外。

我国加入世贸组织给部队科技干部的政治教育注入了新的生机和活力，必将进一步更新广大科技干部的思想观念，坚定他们对“四信”的政治信念。同时加入世贸组织也带来许多新的课题和挑战，使思想政治教育的难度进一步加大。通过专题调研，我们感到：

一是思想观念的多元化，导致统一思想的工作难度越来越大。加入世贸组织后，我国几乎实行全方位的对外开放，西方的思想观念以其经济产品、文化产品为载体，或通过互联网，更为方便快捷地涌入中国。随着国内医疗体制的改革，医院全方位对外开放，积极参与医疗市场竞争，深刻地影响着科技干部的思想观念、价值取向和行为选择。思想活动的多元性随着经济活动多样化应运而生，其表现形式既有正确的、先进的、新生的、开拓的、进取的等各种进步向上的思想观念，又有守旧的、僵化的、拜金的、享乐的、自私的等各种腐朽落后的思想观念，形成了与经济成分多样化相适应的众多新的思想道德观念。这使得进行思想政治教育时，统一思想的教育工作难度越来越大。

二是生活和行为方式的多元化，导致统一行动的工作难度越来越大。加入世贸组织，我国的生产力将得到进一步的发展，加速了人们社会实践活动的深刻变化。丰富多彩的社会实践方式，改变了科技干部的工作、学习、生活空间，使科技干部的生活方式朝着自主化、快速化、个性化的方向发展。业余时间的休闲方式多样化，满足了科技干部的不同精神需求，丰富的物质条件改善了军营的生活环境。但较好的物质生活条件，也使一些科技干部滋长了贪图安逸、追求享受的思想；开放的社会环境也使一些科技干部良莠不分，盲目攀比，极端个人主义的思想有所滋长；多样的分配方式，使一些科技干部强化个人利益，对集体利益关心不够，遇到情况和问题，从自身利益考虑较多，尤其对个人利益联系不紧密的集体活动有时漠不关心。据调查，2001年某部政治教育平均到课率仅为78%，个别科技干部更是参加甚少。组织纪律意识不强、作风要求不严，使部队整体行动统一、步调一致的教育工作越来越难。

三是价值观的趋利化，导致倡导敬业奉献精神的难度越来越大。在计划经济时代，人们更多地强调社会价值，而忽视自我价值。随着市场经济的建立，特别是入世后人们的价值取向更加趋向个人利益，科技干部受大气候影响，也出现理想信念淡化，党性观念不强，政治荣誉感淡化，姓军为兵服务意识淡化等现象。如近几年，调职晋级、工作调动、福利待遇等找上级、机关或单位领导的比过去明显增多。对报酬多、条件好的工作多干，反之少干或不干，把追求个人利益摆在不恰当的位置上，使得教育引导坚守本职岗位，爱岗奉献，献身国防事业的工作难度增大。

四是人才竞争的市场化，导致稳定人才的工作难度越来越大。入世后人才竞争市场化，社会为人们提供了更多的就业岗位和机会，为人才的发展提供了更为广阔的选择空间。科技干部的商品意识、竞争意识等，随着就业岗位和就业形式的多样化而得到不断增强，从而促进了科技干部的思想活动从封闭性走向独立性，从依赖性走向自主性。调查中，76%的科技干部认为“军人待遇相对较低”；42%的科技干部在回答“留在军队工作还是到地方工作”时选择“不确定”。仅去年就有3名科技干部出国留学未归，还有的留学回来不久就要求转业。受地方单位公司高薪、住房、职务等方面待遇从优的诱惑，有些人才因部队待遇、职称等问题难以满足个人要求，而身在军营心在地方，不安心本职，给部队人才队伍建设带来了严峻的挑战。

五是信息渠道的多维化，导致政治干部实施教育的难度越来越大。现代科技特别是网络技术突飞猛进，促进了宣传媒体迅速发展。调查显示，某部科技干部中90%以上“经常登陆互联网”。互联网打破了地域和意识形态的界限，获取或传播多维信息，轻而易举地取舍和重组，并能与大众媒介及时交流，直接沟通。现行的政治教育相对于科技干部多维化的信息来源明显滞后，教育的内容与时俱进，不断适应科技干部需求的难度加大，科技干部的“口味”越来越难调理，加上政治干部自身在教育方法、手段、形式等方面不够活跃，使教育往往事倍功半，甚至劳而无功。

针对入世后给科技干部带来的新情况、新问题，我们认为应当在以下几个方面下工夫：

第一，要切实转变思想观念，树立面向社会的大教育观。一是坚持把教育放在国际国内大背景下，实施开放式教育。军队的建设离不开社会。面对入世后日益开放的社会更加需要开放式的教育。要把科技干部思想中出现的这样那样的问题放在社会这个大背景下来思考、做工作，引导他们正确认识社会，让他们在分析、思考各种矛盾中增强辨别是非美丑的能力。近几年，某部在对科技干部的教育中，借助社会大舞台，先后组织科技干部到北京天坛医院、西客站、燕山石化集团公司等单位参观见学；在服从大局，拥护改革教育中，针对军队裁员，转业复退名额多，不少同志有想法，心存疑虑，组织部分转业干部与在职人员座谈交流，请他们谈转业地方后在单位工作和“二次创业“方面的经验体会；在医德医风教育中，组织医务人员开展“假如我是一个病人”的大讨论，让大家谈自己或亲属在其他医院就医感受，去体会病人对医护人员一言一行的看法和对医疗质量、服务态度的要求。这些开放式的教育都收到了很好的效果。二是发挥驻地教育资源优势，搞好思想政治教育。比如，某部地处北京市海淀区，这里高校林立，政治、经济、军事、法律等各方面的专家教授不少，他们不仅理论水平高，而且是各个领域的专家，请他们上台讲课，提高了政治教育的质量。近年来，先后邀请中央党校、国防大学、总参三部、后勤指挥学院、中国政法大学、北大医学院等知名专家上门授课，科技干部非常欢迎，教育效果很好。观念一变天地宽。依托社会力量加强部队思想政治教育，不仅提高了政治教育质量，而且为科技干部开辟了“第二教育课堂”。

第二，适应入世后的形势要求，提高思想政治教育的科技和文化含量。作为思想教育对象的科技干部具有较强的接收新知识新事物的渴望，加大思想政治工作内容的科技文化含量，提高思想政治工作的科学化、知识化、信息化程度，把科技知识宣传教育作为思想政治工作的新内容，开发科学文化知识的思想政治教育功能，寓思想政治教育于科学文化教育之中，更适合新形势的发展需求和科技干部的特点，更容易为科技干部所接受，从而增强思想政治教育工作的吸引力和说服力。科学技术的日新月异也要求当前的思想政治工作必须不断学习和了解国际国内科学技术迅猛发展的形势，将其作为形势教育的重要内容，从而增强时代感。同时也要广泛吸收和借鉴管理学、心理学、伦理学、社会学等相关的知识以及一些新学科的知识，并使之系统化、理论化，成为思想政治工作的新内容，从而使思想政治教育渗透到更多学科的知识中去，起到春风化雨、潜移默化的作用，避免枯燥的说教和灌输。

第三，结合医疗、科研单位的实际，使思想政治教育规范化、系统化。一是突出重点，规范思想政治教育的内容。针对医疗科研单位和科技干部的特点，应当注重抓好以下几方面教育：(1)马列主义、毛泽东思想和邓小平理论教育，特别是江泽民同志“三个代表”的重要思想的教育。邓小平理论、“三个代表”重要思想是毛泽东思想的继承和发展，是对马克思主义的理论创新，是建设有中国特色社会主义的指导思想，是现代化建设的法宝，是社会主义事业不偏离方向的保证，是思想政治工作的根本内容。(2)理想信念教育。始终把树立远大理想抱负，坚定走有中国特色社会主义道路，树立正确的人生观、价值观作为教育的核心。(3)时事政策教育。针对国际国内形势发展变化，及时开展时事政策教育，引导科技干部一分为二地看待形势，及时了解党、国家和军队的方针政策。(4)遵纪守法教育。强化法制观念，除“三五”普法外，应针对不同单位的特点，区分教育内容，突出教育重点，如医疗单位应组织医务人员学习《执业医师法》、《医疗事故处理规定》等。(5)社会主义道德和爱国主义教育。养成良好的职业道德风尚，牢固树立“姓军为兵”服务的观念。从实际出发，精心组织爱国主义教育，让科技干部深刻了解国家、民族的历史，树立强烈的爱国意识。(6)献身国防教育。强化“使命意识”，坚定献身国防事业的信心和决心。既要适应市场，积极参与社会竞争，更要面向“战场”，坚定不移地为“打得赢”贡献力量。二是以人为本，规范思想政治教育的方式方法。科技干部有较强的自尊心，尊重科技干部的人格，相信科技干部的自我启发、自我教育能力，在教育中强调尊重人、理解人，注意激发科技干部理性思考和自我教育能力，防止居高临下训斥、指责等不尊重人的做法，使思想政治工作的要求变为科技干部的自觉行动。

第四，坚持解决思想问题与解决实际问题，正面灌输与先进思想文化熏陶两个结合。一是解决思想问题与解决实际问题相结合。思想政治工作是以思想教育为重点，有务虚的特点。但这种务虚是以理服人，以情感人，以实动人的。必须把务虚与务实相结合，一方面要注重解决思想问题，另一方面也要注意解决实际问题，把对科技干部遇到的实际困难，包括物质利益的关心作为思想政治工作的组成部分，为科技干部排忧解难。二是正面灌输与先进思想文化熏陶相结合。把正面灌输与先进思想文化熏陶相结合，根据科技干部思想活动的需求，组织开展内容先进、丰富多彩的文化活动，在幽默诙谐、轻松愉悦的氛围中使科技干部明白道理、接受道理，达到春风化雨、润物无声、潜移默化的目的，使思想政治教育生动活泼，为广大科技干部喜闻乐见，从而收到事半功倍的效果，增强思想政治工作的凝聚力。如在深入学习实践“三个代表”重要思想、保持党员先进性和坚定理想信念教育活动中，某医院通过广播、宣传橱窗、黑板报、《院内生活》报等思想政治工作阵地，反映涌现出来的先进人物和先进事迹；通过观看《宇宙与人》、《红旗飘飘》等优秀影视片和《桃花谣》、《零号防空洞》、《老兵骆驼》等话剧表演，参加“范匡夫先进事迹报告会”，《纪念中国共产党成立80周年图片展》等，引导广大党员深刻领会“三个代表”重要思想的精神实质和丰富内涵，强化了作为一名共产党员的使命感和责任感。

第五，注重提高政治干部自身素质，造就工作过硬、德才兼备的思想政治教育工作队伍。思想政治教育难度的加大，对政治干部的自身素质提出了新的更高的要求。当前政治干部队伍整体素质上还存在不适应新时期思想政治教育要求的问题。有的对高科技知识学习不够，对现代化办公手段不会使用，在学习掌握各种信息方面，与科技干部存在一定的“落差”，一定程度上影响了教育质量。因此，首先要增强政治干部提高自身素质的紧迫感。使政治干部认清肩负的责任，增强使命意识，以与时俱进的态度，以“三更灯火五更鸡”的精神学习新知识，增加知识营养，缩小与科技干部的差距，当政治教育的行家里手，以适应新时期思想政治教育的需要。其次，加强岗位培训。通过有组织有计划和各种形式的岗位练兵，提高政治干部的综合素质，使政治干部具有广博的知识，娴熟的教育艺术，较高的分析判断能力，较强的组织能力，特别是学会把现代教学手段运用到思想政治工作中去，增强思想政治教育的科技含量，抢占思想政治工作阵地，提高思想政治工作的战斗力。

合作者：王兆利、龚仕建，原载总后勤部政治部《我国加入世贸组织与加强和改进军队后勤政治工作研究》，2002年11月。

“人间悲剧”不容隐瞒

核心提示：2002年4月3日至12日间，以军在攻占杰宁过程中摧毁了杰宁难民营。巴方指控以军在行动中打死了数百名巴勒斯坦平民，以方对此予以否认。联合国秘书长安南于当年4月22日宣布派调查组赴杰宁调查事实真相，但以方两次均以牵强的理由拒绝。

以军袭击约旦河西岸杰宁难民营事件被媒体披露出来以后，国际社会无不为之震惊。但联合国的调查还没开始，以色列政府就有些坐不住了——以外长佩雷斯近日声称，“以色列决不坐在被告席上”。

以色列会不会成为被告，不是由以色列说了算的。

据一些国际人士的观感，“杰宁悲剧”并非子虚乌有。联合国中东问题特使拉尔森到杰宁视察后向新闻界说，杰宁难民营的惨相令人无法想像，“看到巴勒斯坦难民用双手挖掘瓦砾下亲人的尸体，任何一个有良心和正直的人都会有这样的感受。”美国助理国务卿伯恩斯在视察杰宁后也说，那里发生了一场“可怕的人间悲剧”。

真相必须大白于天下，这是国际社会的共同呼声。为此，联合国秘书长安南建议联合国向杰宁难民营派调查组。这一建议很快得到安理会的赞同。

但是，以色列却置安南的建议和安理会的决议于不顾，三番五次地推迟作出决定后，以内阁4月30日横下一条心，拒绝联合国调查组进入杰宁难民营了解真相。由于以色列百般阻挠，导致原本计划4月27日前抵达杰宁的联合国调查人员至今仍滞留在日内瓦。

俗话说得好：若要人不知，除非己莫为。以色列军队究竟在杰宁干了些什么，恐怕只能通过国际调查来作出结论。以色列真的能够逃避联合国的调查吗？回答是否定的。以色列政府必须意识到，它不可能继续蔑视国际社会和世界舆论。以色列拒绝调查组赴杰宁进行调查是国际社会和天下有良知的人们所不能容忍的。拒绝调查只能损害以色列的声誉和利益。如果以色列真的没有隐瞒什么，它就没有理由拒绝联合国派出的真相调查小组进入约旦河西岸地区，让事实真相出来说话。以色列借反恐之名入侵巴勒斯坦从一开始就遭到国际社会的谴责和反对。如果以色列继续一意孤行，与国际社会的公理和要求背道而驰，那只能是搬起石头砸自己的脚。安南已表示，即使不能按计划向杰宁难民营派调查组，他也将根据所掌握的情况向安理会提交报告。一旦查明杰宁难民营的确发生过“人间悲剧”，以色列当局就应该坦率承认错误，承担责任，惩办肇事者，还巴勒斯坦人一个公道。

原载《解放军报》2002年5月4日第4版

高扬爱国主义旗帜

核心提示：诗人艾青曾写过这样的诗句："为什么我眼里常含泪水，因为我对这片土地爱得深沉"！作为民族精神的核心，爱国主义始终是中华民族团结统一的精神纽带，始终是凝聚力和向心力的基本源泉，始终是推动中国社会发展进步的巨大力量。

胡锦涛总书记提出"八荣八耻"的社会主义荣辱观第一条就是"以热爱祖国为荣，以危害祖国为耻"。翻开中华民族的历史画卷，爱国主义的光辉始终闪耀在中华民族独立、解放和伟大复兴的历史星河中。从民族英雄抗击倭寇到伟大的抗日战争，从四大发明到今日的载人航天……一代代中华儿女谱写出气势磅礴、可歌可泣的爱国主义篇章，成为激励炎黄子孙战胜各种艰难险阻，抵御外来侵略，振兴民族的精神支柱。

千百年来，多少中华儿女抛头颅、洒热血，把个人命运与祖国命运紧紧联系在一起，与祖国同兴衰、共荣辱。人们把祖国比作母亲，这再贴切不过了。邓小平同志曾经深情地说："我是中国人民的儿子。我深情地爱着我的祖国和人民。"现代航空科学与火箭技术先驱，当年在美国加州理工学院担任终身教授，被美国海军次长认为"无论在哪里都抵得上五个师"的著名科学家钱学森，为了新中国的建设，毅然放弃外国的优厚待遇回国，为我国的导弹、火箭事业做出了巨大贡献。在我们总医院也有像肾病专家陈香美、耳鼻喉专家韩东一、风湿病专家黄峰等一大批曾在国外学有所成，却放弃国外优厚待遇，怀着报效祖国的满腔热血，踏上回国之路，为我院建功立业。他们所展示出来的对养育自己祖国的伟大爱国情结，是我们生存发展之根，是哺育我们成长之源，是任何力量都难以改变的信念和操守。试想，连自己的母亲都不爱的人，还有资格去谈其他的爱吗？那种不爱国，甚至出卖祖国利益、损害祖国尊严、危害国家安全的人，更为人民所不齿。

在新世纪新阶段，弘扬爱国主义光荣传统，对于进一步激发人们的民族自信心、自尊心和自豪感，投身于建设有中国特色的社会主义强国，自立于世界民族之林，具有十分重要的现实意义和深远的历史意义。我们每个同志都应增强热爱祖国的光荣感，并努力把爱国热情转化为扎实的行动，自觉地与社会主义现代化建设事业同呼吸、共命运。其实，爱国的内涵十分丰富，包括热爱祖国的山山水水、一草一木，弘扬祖国的优秀文化、优良传统，关心祖国的前途命运、繁荣富强，以至在危难之时的牺牲奉献、为国捐躯等等。当然，爱国也不仅限于当祖国最需要的生死关头，或者完成急难险重之时的惊天动地之举。在和平发展时期，更多地体现在平时本职岗位上作出优异成绩。这样，祖国的繁荣富强，就有了保证。

我院地处祖国的心脏——首都北京，而且担负着中央首长、总部机关的医疗保健和全军疑难病诊治的重要任务。医院对外交往多，接触人员层次高，影响大，更应带头弘扬爱国主义精神，维护祖国的利益和尊严，防止有损国格人格和违纪违法的事发生。高扬爱国主义旗帜是我们的永恒主题，在这个旗帜下，我们只能做得更好。

原载《解放军总医院报》2006年4月30日第3版

思想的印痕

卷二

领导艺术探求

黑格尔说：“世界上没有完全相同的两片叶子”。同理，也没有完全相同的领导者和领导模式。不同的环境条件、不同的管理对象、不同的追求目标等，决定了领导的方式方法的千变万化，领导的艺术境界和效能也永无止境。

支部书记应努力实现“五要”

核心提示： 医疗科室党支部书记行政业务与党务工作“一肩挑”的状况，要求他们必须善于进行“角色”转换，特别是要防止和克服业务“硬”，党务“软”的“一头沉”现象。

一些党支部刚刚换届，党支部书记面临着如何履行好职责的问题。支部书记要做的事很多，但起码应抓好以下“五要”。

一要搞好角色定位。 就是找准自身的位置，知道自己应该干什么，职责范围是什么。中央军委颁发的《军队支部工作条例》，以及上级有关规定和指示要求等，都是我们做好支部工作的重要依据，是支部书记角色定位的标尺。按照这些要求做，就能找准位置，符合角色。否则，就会乱了阵脚，定不好位。拿《支部工作条例》第41条规定的支部书记职责第一句话来说："党支部书记在支部党员大会和支部委员会集体领导下，负责党支部日常工作"。这句话，一是说明了支部书记与支部党员大会、支委会的关系，同时也强调了支部书记角色的重要性。支部书记负责支部日常工作，是支部建设的领班人、带头人，与普通委员的身份有区别，与各位委员不是平等的，却同在支部大会和支委会的领导下工作。在作出各项决定时，同委员一样，是平等的一票。而支部书记要善于带班子，正确落实民主集中制原则，善于集中正确意见，防止偏离方向。当支部决策错了，书记要负主要责任。

二要当硬任务来抓。我院大多数支部书记是行政领导和党支部书记两副担子"一肩挑"。从实践上看，行政角色没什么说的。但有的党支部书记身份意识不够强，一肩挑，有时变成"一头沉"，自觉不自觉地把支部工作当成"软指标"了。如落实党组织生活制度，往往一忙就被其他工作冲淡了、挤占了。当前医院快速发展，业务工作确实比较重，但支部书记一定要把支部工作当硬指标来看，当硬任务来抓。单位建设必须"两个轮子"一起转，才能又好又快地发展。凡是单位建设搞得好的，支部肯定发挥了战斗堡垒作用。比如，支部长期不组织学习，不交流思想，不统一认识，不过组织生活，队伍就会自然而然松散下去，就会失去凝聚力和战斗力。所以抓支部建设、抓党员教育非常重要，必须当硬任务来抓。

三要善于破解难题。支部书记的作用好不好，平时的一般性工作有时不好衡量，但关键时刻最能检验支部书记的思想境界和水平能力。常言说得好，“危难时刻显身手”。遇到难题看你怎么对待，看你能否解决得好；包括奖励给谁、转业对象确定、入党入学、奖金分配等等，在矛盾较多，不好平衡时，看你行不行。有不少支部书记奖励发扬风格，让出指标给他人；有的敢于坚持原则，不搞平衡照顾，真正奖励先进；有的对未受到奖励、有这样那样想法的同志，及时谈心做工作；对确定的转业对象在第一时间帮助其化解思想疙瘩，等等。不因支部遇到难题，化解不开矛盾，使人员产生大的思想波动，使大家保持良好的干劲，都体现了破解难题的能力。从主观上看，破解难题既是一种能力，也是一种思想境界，不是一日之功，需要长期修炼。

四要把握政策原则。这是支部书记政治素质和领导能力强不强的一个重要标志。不讲政策原则，对张三一个规矩，李四一个标准，王二麻子又一个要求，就没有章法，就会犯错误。应该至少做到三点：一是经常学习政策规定，二是公道正派，三是按程序办事。有些重大的、敏感的事项还要进行公示。特别是涉及到官兵切身利益的敏感问题，更要走必要的程序。不能支部书记点将，一个人定。

五要强化本领内功。就是不断提高能力素质。俗话说得好：“打铁先得自身硬”。现在是信息时代，知识爆炸，工作对象的文化层次不断提升，受社会各种思潮诱惑、影响增多，工作难度加大，对支部书记的要求也提出新的更高的要求。要防止学习不够“本领恐慌”，内力不足，小马拉不动大车。《支部工作条例》第42条，对支部书记的素质能力提出5条要求，有政治信念方面的、理论素养和政策水平方面的、党务工作能力方面等等，应当经常学习和对照检查，在学习实践中不断增强自身本领。

原载《解放军总医院报》2008年9月11日第3版

学点老子的和谐管理

核心提示： 我国古代伟大的哲学家老子所著的《道德经》中蕴涵的朴素的辩证法思想，至今并未过时，仍然闪耀着真理的光芒。从管理角度看，其对于和谐的认识和理解极为深刻，颇具启发意义。

我们一说加强管理，就把管理标准定得更高一些，措施弄得更严一些，手段用得更酷一些。虽然这也是必要的，但实施软手段，用好软措施，像先贤老子思想中强调的那样，也是一种加强管理，而且是更人性化的管理。老子的道治以“无为”、“人法地，地法天，天法道，道法自然”为中心，始终贯穿着和谐思想和人文理念，这种思想理念对加强和改进部队管理是有一定启示的。

先无为，再有为。“无为而治”是老子的思想精髓。所谓“无为而治”，是凭借道家的“顺其自然”的“无为”哲学智慧而进行科学管理，通过无为艺术，达到有为效果。现实中，有些领导机关抓基层，不讲方法，政出多门，对基层事务横加干涉，它看似加强了管理，实际造成“机关乱忙，基层忙乱”，这就不是加强，而是添乱。因此，带部队、抓管理，应顺应规律，充分放权，放手让官兵去做，让他们自觉、自律、自奋，而领导机关的主要责任是依照“规则”抓管理，严格按照《条令条例》和《基层建设纲要》运转部队工作。

先与之，再取之。有的领导干部总认为官兵任劳任怨是职责所在，设身处地为官兵着想，满足官兵需求往往不多。老子认为，“将与取之，必固与之”。这就告诉我们，管理过程中只有给官兵以尊重、关心、信任，满足其合理需求和成才愿望，才能激发他们的创造活力，从而成为部队建设用之不竭的力量源泉。比如，尊重官兵主体地位，给予官兵足够的知情权、参与权、选择权、监督权，全面扩大基层民主；给予官兵成长的空间和成才的舞台，实现官兵的全面发展等，这些都会取得“抛出自己一颗心，赢得群众一片心”的管理效果。

先共生，再共赢。老子说：“知和曰常”，“知常曰明”，“和之至也”。“知和曰常”包含着阴阳对立的和谐统一，这是万物运动的永恒法则，从中我们可以感悟到老子的共生与共赢的辩证思维，即事物正是在这种对立与统一中不断发展前进，从而在共生中实现共赢。在现实中，个别单位搞盲目竞争甚至恶性竞争，如评比时官兵之间相互打低分；有的单位又过分强调和气，搞平衡照顾。这些片面强调“竞争”和“一团和气”的做法，都易挫伤官兵积极性与进取心。所以，管理应突出强调官兵之间精诚团结、和谐共处、良性竞争，这样才能出凝聚力、战斗力。先不言，再有言。老子认为：“知(智)者弗言，言者弗知(智)。”就是说，智者是不乱发言的，只会说教的人也不是智者。那么管理者该如何发挥自身作用呢？老子认为：“美言可以市尊，美行可以加人。”“圣人行不言之教”，由此可知，部队内部良好的管理氛围，不是靠管理者的长篇宏论、众多指令来营造，而是靠其一举一动和日常行为表现产生影响力和示范作用。其所谓“不言之教”，从某种意义上说，就是开放性领导方式，即让更多的官兵参与到管理活动的过程中，不是被动管理，而是做管理的主人，让他们的意见和看法得以充分表达，而领导者可从这些意见中发现有价值的内容，并应用到管理活动中，使管理顺应部队发展和官兵期待。

总之，老子对管理中的和谐思想进行广泛深刻的论述，体现了以人为本的特征。尽管人类社会经历了两千多年的变化而使管理理念和手段更加丰富多样，但老子的许多思想仍闪耀着智慧的光芒，加以扬弃借鉴，对加强部队管理必大有益。

合作者：陈汉省，原载《解放军报》2009年2月15日第7版。

奏好批评与自我批评的“交响曲”

核心提示：“良药苦口利于病，忠言逆耳利于行”，从“杀毒”健身和成长进步的角度看，这无疑是对的。但从人的承受能力角度看，应因人而异，“因地制宜”，如条件允许，还是麻醉后给病人做无痛手术、苦药包裹糖衣后再入口为佳。批评与自我批评道理亦然。

近年来，由于受诸种不良因素的侵蚀和影响，不少基层党支部出现了批评别人难、接受批评难、自我批评更难的“三难”现象，削弱了党支部的战斗力。研究和探索基层党支部开展批评与自我拟评的途径和办法，对于当前加强基层的全面建设，具有重要意义。

一、打开批评与自我批评难的局面——领导要唱主角

开展批评与自我批评难的现象，难在哪？有人说，群众看党员，党员看支委，支委看主官。这话有一定道理。领导怕批评，下面就不敢讲话；领导倡导批评，下面才能畅所欲言。因此，要想打开批评与自我批评难的局面，领导就要唱主角戏。

首先，领导要做出样子。有的领导怕批评，原因是怕丢面子，失去群众威信。其实，群众的眼睛是亮的，领导的威信往往是从纠正错误过程中树立起来的。

其次，领导要放下架子。要使下面敞开思想提意见，领导就要放下官架子，以普通党员的身份出现，大家才能说真心话。只有领导者敢于作自我批评，给群众做出好样子，批评与自我批评才能开展起来。对待下级的批评意见，要有雅量，因为每个人的经历、性格、文化素质等不同，批评的方式和态度也不一样，批评错了，可以作适当的解释，但不能反过来指责对方，时间长了，是非曲直自然会弄清楚。

再次，领导要主持公道，大胆批评下级。有的领导不敢大胆的批评下级，怕因此得罪人，伤了感情，影响关系，丢了“选票”。实践证明，绝大多数人是有正义感的，是支持领导抵制不良倾向的。如果领导在下级的错误面前当“老好人”，就无异于给错误倾向开绿灯。因此，主官要增强责任心，对党负责，也要对犯错误的下级负责，带头抵制不良倾向，树正风，压邪气，不让歪风邪气有市场。这样，正

确的批评才能开展起来。

最后，领导之间要互作“补台”批评。所谓补台批评，就是正副书记之间，以相互尊重，相互配合，相互信任，相互谅解，团结一致，互补不足为前提，而进行的批评与自我批评。书记做错事，副书记要担责任；副书记做错事，书记要揽过。不能打击对方，抬高自己，争个人权力，树个人威信，更不能落井下石，看对方笑话。每天常“碰碰头”，隔三五天通通气，交换交换意见，谈谈心。在相互了解当中，消除隔阂，在相互批评当中，实现“将相和”，为下面做出好样子。

二、优化批评与自我批评效果——讲点批评的艺术

批评与自我批评也是一对矛盾，既对立又统一。批评搞得好，同时意味着自我批评的成效。恰当的批评，有助于被批评者接受批评后，认识错误，从而通过自我批评改正错误，反之，批评不恰当，被批评者对批评不理解或有抵触情绪，自我批评也就难以实现，进而宣告批评的失败。“工欲善其事，必先利其器”。要取得良好的批评效果，就要讲批评的艺术，做到动机与效果的统一，原则性和灵活性的统一。

一是批评要入情入理。就是既要述之以理，又要含之以情，情理交融。讲理要把错在哪儿，为什么错说透。与此同时，又要富有同志式的感情，保持同志式的态度，使被批评者感受到你的诚心、善意、关怀和温暖。要注意批评的言辞，不要采取训斥、讽刺、挖苦、漫

骂、侮辱等不尊重人格的态度和做法。

二是批评量化要适度。在准确理解和把握被批评者的心理状态和承受能力的前提下，本着实事求是的原则和客观的态度，有一分错误，作一分批评，既不夸大，也不缩小，恰如其分。事先要深入调查，把情况搞清楚，不要凭“想当然”，听风便是雨，捕风捉影，无中生有，也不要带随意性，信口开河，更不要上纲上线，讲过头话。

三是批评要及时。做到及时发现，及时批评，“趁热打铁”，被批评者就易于接受。不要等时过境迁，甚至被批评者近乎淡忘了，再批评，就易使人产生逆反心理，造成心理误差，以为你同他过不去，抓人小辫子不放，效果就不好。

四是批评形式要多样化。由于被批评者的觉悟不同，个性不同，错误的程度不同等，批评的方式方法也应不拘一格，不能全打一个套路，都使用一个模式。应区别不同对象和情况，采取或会上或会下，或集体或个人，或直接或间接的方式方法。有的人比较爱面子，最好个别交谈，而且先说优点，后讲缺点，不要当众批评；有的人喜欢直爽，讨厌别人给他戴高帽，可以用诚恳的态度，当面锣对面鼓，开门见山地谈问题；有的人头脑灵活，理解问题快，可用暗示的办法，点到为止；有的人行为随便，头脑简单，可用严厉态度，突出问题的严重性，给他以应有的震动；有的人性格脆弱，就需和风细雨，随便闲谈中，让他领会批评的含义；有的人个别批评不解决问题，可采取会上集体“治病”的办法；有的人很自尊，不愿意下级或同级批评他，可采用间接的方法，请他的同级或上级采取恰当的方式指出他的毛病等等。

三、把批评与自我批评推向正常轨道——坚持制度化、经常化

*要坚持批评制度化、经常化。*因为任何一种好的思想作风，只有用制度的形式确定下来，才能成为有形的、比较稳定的因素，正像邓小平说的那样，制度“更带有根本性、全局性、稳定性和长期性”，可见坚持制度的重要作用。事物是不断发展变化的，旧的问题解决了，新的问题还会来，不能依靠一两次批评就永远解决问题，而应坚持经常性的批评，经常“敲警钟”。还应看到，当缺点错误处于萌芽状态时，若能通过及时的批评与自我批评将其扼制，就会避免基层建设受损失，有助于同志的进步和工作的改善。如果放弃经常性的批评与自我批评，等到缺点错误酿成后果再解决，工作就被动。因此，批评与自我批评要做到经常化、制度化。

*要从效果出发，落实好民主生活会制度。*民主生活会制度，是解决批评与自我批评难的重要途径。不少党支部的民主生活会质量不高，会上谈心不交心，交心不批评，批评不接触实际的现象比较普遍。这种情况必须纠正。要力争每次生活会都要在批评与自我批评方面，有针对性地解决一两个问题，不能会上不着边际地东拉西扯，以致空耗时间。真正做到，“开一次会，上一次楼”，“作一次批评，得一次成效”，使民主生活会成为批评与自我批评的“加油站”。

要落实好民主评议党员制度。党支部每半年组织一次对党员，特别是干部党员的评议。支部要着眼于开展批评与自我批评，围绕思想、工作、作风和模范作用等方面进行党员自评、互评、党支部集体考评和群众监评，并形成制度。

原载《问题·对策·规律——新时期军队组织工作重点难点问题研究》一书，黄河出版社，1992年1月第1版，刘显邦主编。

加强医疗科室党支部政治领导应注意的几个问题

核心提示：1927年9月，毛泽东从秋收起义失败中吸取教训，认识到要实现党对军队绝对领导，必须将党组织建设的重心下移，并在“三湾改编”时创造性提出了“支部建在连上”的原则。从此，党对军队绝对领导成为我军由小到大，从弱到强，克敌制胜的法宝。新时期作为军队医院重要基础的医疗科室，其党支部如何发挥政治领导作用，意义重大。

加强医疗科室党支部政治领导，是把江主席关于“讲政治”的要求落实到科室，大力加强医院思想政治建设，确保医疗中心工作圆满完成的关键环节。如何充分发挥科室党支部的政治领导作用，通过调查研究，我们感到以下几个问题值得注意。

一、认识上的差距和工作上的矛盾，容易把政治领导当成“软指标”

《政工条例》规定，科室党支部是“各单位政治领导和团结的核心”，这是对科室党支部地位作用的定位。近几年，经过学习教育，多数医疗科室党支部对加强支部政治领导比较重视，抓得很紧，科室思想政治建设坚强有力。但也有部分科室支部实施思想政治领导不力，认为医疗单位24小时“全天候”服务，工作任务较重，若政治领导用精力过多，影响医疗和业务学习，致使一些科室领导重业务技术和行政管理，轻思想政治建设，党支部政治领导功能弱化。要解决这个问题，首先应解决好思想认识“到位”的问题。要组织医疗科室党支部认真学习党的三代领导核心关于讲政治要求的有关论述、《政工条例》和《总后各类党支部工作细则》中的有关职责要求，使大家从思想上认清“三个根本”：一是认清实施政治领导是《政工条例》赋予医疗科室党支部的根本职责，凡在政治领导中不能尽职尽责，就是政治上的失职；二是认清实施政治领导，是确保医疗业务中心工作顺利开展的根本保证，只有把思想政治建设放在首位，抓好落实，才能保证医疗科室发展建设的正确方向；三是认清实施政治领导，是把江主席“讲政治”要求落实到医疗战线的根本途径，只有把“讲政治”注入医务工作的实践中，通过提高医护人员政治素质，才能促进和保证医疗业务素质的提高和医疗业务工作的完成。

二、工作路数不清和重点不明确，容易使政治领导陷入盲目被动

有的医疗科室党支部，虽然有抓好思想政治建设的愿望，但由于工作路数不清，重点不明确，使工作事倍功半，抓不到点子上。对此医院党委和政治机关应注意帮助他们从三个方面把握实施政治领导的基本思路：一是要善于通过规范落实党组织生活制度实施对本单位的政治领导。当前，一些医疗科室党支部生活制度落实不好，有的时紧时松，应付差事；有的流于形式，读读文件，发发议论，言不入题，没有起到对党员的教育管理监督作用。因此，要根据医疗业务工作的特点，本着时间服从效果的原则，制定年度或半年组织生活计划，不走过场，不图形式，抓好落实。二是要注重抓好经常性思想工作。引导医疗科室支部把思想政治工作结合、贯穿、渗透到业务建设之中，创造性地贯彻执行上级党组织的指示、决议，把落脚点放在保证科室出人才、出成果上；对关系科室建设的重大问题，要充分调动全体同志的主动性和创造性，组织党员干部讨论研究，提出建议，统一思想，帮助行政领导搞好业务决策；要经常分析研究所属人员的思想状况，对不同时期不同人员的思想动向做到心中有数，有针对性地做好工作，及时消除不良因素；要努力创造宽松和谐、团结互助的良好氛围，注意协调好上下级之间和同志之间关系，最大限度地减少“内耗”；尽力解决群众的疾苦。三是要把加

强医德医风建设作为实施政治领导的重要内容。医院以医疗为中心，医护人员的医德医风，可以说是医疗科室党支部政治领导强不强的“晴雨表”。经过教育，使医护人员树立全心全意为人民服务的思想；定期组织医护人员对医德医风情况进行自评、互评和领导讲评，认真解决医德医风建设中容易出现的以医谋私、收受“红包”、吃请、嫌贫爱富等问题，不断提高医护人员的职业道德水平。

三、工作指导和管理监督不到位，容易使政治领导挂“空挡”

加强医疗科室党支部的政治领导，医院党委和政治机关负有重要责任。一方面，要注重培养和提高科室党支部抓自身建设和解决自身问题的能力。另一方面，也要为医疗科室党支部实施政治领导创造良好环境。一是部署工作要有较强的针对性和可操作性。力求工作任务、目的、方法、步骤具体明确，使支部有所遵循。二是要抓好跟踪检查。对工作落实好的医疗科室党支部予以表扬鼓励，差的及时进行帮促，使科室党支部不断强化政治领导意识，自觉把政治领导落到实处。三是不包揽科室党支部事务。在医疗科室党支部实施政治领导过程中，医院党委和政治机关要积极创造条件，提供帮助指导，对属于医疗科室党支部职权范围的事，该放手时应放手，不包办代替，不越俎代庖。

原载总后勤部《后勤政治工作》1998年12月9日第19期

总结应注重“思想含量”

核心提示： 年终岁末对全年的工作情况来个“大盘点”，以便在新年度、新起点上跃升一个新台阶，已经成为单位和个人普遍采用的好做法。但“醉翁之意不在酒”。总结不是简单地罗列堆砌旧事，记流水账，而是从中梳理、归纳规律性的认识，把事物发展的“精髓”找到，从而提升工作的境界和层次。

临近年终岁尾，一年一度的总结就要开始了。“一班人”坐下来，好好回顾总结一下，认认真真反思一番，找差距，论得失，理清来年工作思路，然后统一大家思想，鼓舞振奋精神，以利来年大干一场。

然而，笔者发现，有的单位对此不够重视，不甚得法。尤其缺乏研究、分析、比较、谋划等理性的思考，使年终总结流于形式，没有达到应有的效果。有的总结材料“老一套”，把去年的总结拿来换换例子，改改数字，变变头尾，总结材料就完成了，缺乏创新的思想、创新的思路和创新的招法；有的眉毛胡子一把抓，事无巨细，甲乙丙丁开中药铺，没有重点，思路不清，成为现象罗列的“流水账”；有的谈喜不说忧，讲成绩不厌其烦，谈问题遮遮掩掩，蜻蜓点水，不去找问题、查根源，如此制约单位发展建设的障碍得不到解决，今天的矛盾依然成为明天的问题；评功评奖也是看资历不看成绩，而是看人缘，搞平衡。凡此种种，总结缺乏“思想含量”，缺少理性思考，达不到真正的目的。对此不应小视。

之所以存在上述一些现象，究其原因，大概有三个方面：一是对年终总结存在厌烦心理。认为“总结年年搞，年年都是老一套”，没有新东西，例行公事，差不多就行了。二是认为总结是“玩虚的”，对总结的意义缺乏应有的认识。三是经验不足。有的想把总结搞好，但因平时学习积累不足，不知从何下手，思路不宽，办法不多。

工作好不好，关键在领导。总结要有“思想含量”，要上层次、上质量、上水平，没有领导的重视是不行的。事实上，总结的成果从一定意义上讲，反映领导者的思想水平和认识能力，反映领导对发展建设思路是否清晰，是否有开拓进取的精神状态，是否有扎实的工作作风。因此，各级领导应当给予高度重视。所以，作为领导一要有“想法”。领导站得高、看得远、想得深，应亲自出思想、出思路、出办法。坚持与时俱进，用新视角、新理念谋划工作，用新招数、新举措指导总结，不能只让秘书代劳或“笔杆子”闭门造车。二要眼睛向下。倾听群众呼声，反映群众意愿，代表群众利益，才能规划到点子上，受到群众拥护和上级认可。三要搞好检查讲评。那些没有创新、没有“想法”拿不出办法措施的，应受到批评，不能过关，这样才能真正达到总结的目的。

原载《解放军总医院报》2004年11月19日第3版

革除“不拉马的士兵”

核心提示：过去合理的，现在不一定合理。条例也好，制度规章也好，都离不开与时俱进，离不开改革创新。如时空已经转换，条件已经改变，就不能墨守成规，而应该善于发现和革除“不拉马的士兵”。

“不拉马的士兵”是军事史学上的一个典故。说的是一位年轻炮兵军官上任伊始，到所属部队检查操炮训练，他发现了一个相同的情况，即在每门火炮的操练中，总有一名士兵自始至终站在炮管下面，纹丝不动。直到整个演练结束，这个士兵也没有做任何事情。后经了解，是操练条例规定的。这位军官于是查阅资料，得

1483年野战炮在欧洲战场唱主角

知早期的大炮是用马拉的，炮车到了战场上，大炮一响，马就要跑跳，站在炮管下士兵的任务是负责拉住马的缰绳，以免影响火炮射击精度。到了现代战争，大炮实现了机械化运输，已经不再需要“牵马”这样一个角色了，然而操练条例却没有修订，那个士兵也没被减掉，所以就出现了“不拉马的士兵”。该军官于是建议裁掉“不拉马的士兵”，并因此获得了国防部的嘉奖。

这个故事于今虽已久远，但其警示意义犹在。这就是随着科学的发展，技术的进步，一切不合时宜的规章制度、训练模式等必须随之改变，如果不能与时俱进抓改革，并保证整体配套，那么就必然出现类似于“不拉马的士兵”的情况。

在激烈的国际战略竞争和科学技术特别是信息技术迅猛发展的推动下，世界新军事变革呈现加速发展的态势，世界主要国家在大力发展先进军事技术和武器装备的同时，加紧改造和重塑军队的组织形态，积极推动国防和军队建设转型。深化国防和军队改革，是顺应时代军事发展潮流的必然选择。当前，我军正处在一个由机械化、半机械化向信息化转型的过渡时期，随着武器装备的不断更新，人员素质不断提升，作战样式和作战对象的不断变化，必然要求编制体制不断调整，规章制度不断更新，教育训练方式不断改革，管理保障模式不断优化。那种不管时空是否变化，都一成不变的做法，或调整改革过程中，只管上什么项目而不管下的项目怎么处置的做法，都应及时纠正和克服。比如，过去许多由军官担任的工作，如今由士官负责，这样我们必须对过去的军官编制随之变更。又如军队进行保障社会化改革，过去有的编制已无存在必要，但有的岗位和人员并没有裁减干净，一些人虽然工作没有了，但岗位还在。这些都是现代版的“不拉马的士兵”。现代管理是精确管理，不仅一个岗位要顶一个岗位用，多出岗位反而添麻烦。因此，部队调整改革过程中，必须随时找出并裁掉那些“不拉马的士兵”，打造精锐强悍的部队。

在调整改革过程中，疏漏和缺陷是不可避免的，这就要求各级领导干部要善于发现问题。可以设想，如果这名军官检查训练与其他军官一样，对“不拉马的士兵”视若无睹，或因条令有规定而不质疑，那么这个“不拉马的士兵”就会依然如故。任何一次改革调整都不是一次完成的，也不可能尽善尽美，需要在不断实践，不断探索，不断修正，不断总结中完善。因此，调整改革过程中，各级领导干部都不能把自己当作局外人，要有发现问题的头脑，甚至要有一点“挑剔”的精神。这样人人参与调整改革，人人推动调整改革，调整改革的步子就会迈得更稳更快。无疑，作为调整改革的决策者来说，更要有闻过则喜的雅量和集思广益的精神，允许别人提建议、挑毛病、找茬子，不仅如此，对那些提出好的建议，挑出重要毛病的人还要奖励，就像给那位年轻的炮兵军官发现问题实施奖励一样。这样发现问题的人就多了，解决问题、完善改革就快了。

作为基层来说，也要正确处理听从命令与发挥主观能动性的关系。军人服从命令“没有任何借口”，但不等于对上级指示机械地、毫无创造性地执行，那种单纯地为了执行而执行，不注意把执行与效果统一起来，表面上是不折不扣地落实，实际上是对上级的要求不负责任。因此，片面、机械理解执行上级指示，不思改革创新的现象，也必须在部队调整改革中加以克服。

原载《解放军报》2008年1月29日第10版

有感于“蒙牛文化环境”

核心提示：人们常说：“一流企业卖文化，二流企业卖品牌，三流企业卖产品。”这说明企业在由低向高、由小到大、由名不见经传到几乎家喻户晓的发展历程中，塑造企业特色文化品牌的极端重要性。良好的设施设备的确能给企业带来高效益，但最终给企业插上了腾飞翅膀的还是高素质的人、高层次的文化。

内蒙古蒙牛乳业股份有限公司是国内较知名的一家大型企业。前不久，我有幸前去参观学习。可以想见，现代高科技机器设备的高效率、快节奏及科学管理自不必说，令我感到耳目一新的是这里的文化品位和环境。

不信你看：在生产厂房门前，首先进入眼帘的，就是一块醒目的标牌，上面写着："听不到奉承是一种幸运，听不到批评却是一种危机"。这块标牌，时刻迎接着即将进入厂房的员工，当然，也包括像我们这样的一些局外人。这种积极善意的提示，无不引发你的思考。

进入生产车间，只见走廊的墙壁上，每隔三五米，就是一块经过精心策划，用镜框镶嵌起来的标语牌。我驻足这些标语牌前，认真阅读每个标牌的内容："蒙牛发展靠我们，我们生存靠蒙牛"、"一个人的快乐，不是因为他拥有得多，而是因为他计较得少"、"成功是优点的发挥，失败是缺点的积累"、"管理是严肃的爱，培训是最大的福利"、"只要思想不滑坡，办法总比困难多"、"只为成功找方法，不为失败找理由"、"弱者坐等良机，强者创造机会"、"计划你的工作，工作你的计划"……

这些抬头即见，催人奋进，融进"蒙牛人"理想追求和行为规范的警句格言，在你不经意之中，潜移默化之中，接受了信念教育和文化熏陶，使你有一种时刻保持警觉，牢记自身职责的责任感和使命感。在与"蒙牛人"的交谈中，我还了解到，除了写到墙上的，还有已成为共识的说法。比如，"有干劲，你就洒下汗水；有知识，你就献出智慧；二者都不具备，请你让出岗位"等话语，都是"蒙牛文化"的组成部分。用"蒙牛人"的话说，积极向上的文化氛围，"不仅能使员工愉快地接受企业的规章制度，而且还有一种惊人的力量，通过表达强烈的感情，使企业的凝聚力得到增强。"

的确，透过"蒙牛文化"的内涵，不难想到：为什么"蒙牛"会由小到大、由弱到强把企业逐步做大。固然现代高科技机器设备是不可缺少的硬件支撑，但归根到底，起决定作用的还是“蒙牛人”自己，“蒙牛人”的文化。试想，仅有现代高科技机器设备，而缺乏有热情有思想、有追求有能力、有组织有纪律的高素质的员工，企业要发展壮大是不可想象的。

这或许就是“蒙牛”发展壮大的重要秘诀。

原载《解放军总医院报》2004年12月7日第3版

问计官兵贵在“诚”

核心提示：古有周文王礼贤下仕谋得子牙姜尚，刘备三顾茅庐谦诚感动诸葛亮，曹操求贤若渴赤足迎许攸等虚心求教的美谈佳话。中国共产党的优良作风和胜利法宝之一就是和人民群众紧密地联系在一起。先当群众学生，注重调查研究，也是我们党的一贯主张。领导机关应该诚心诚意地求教基层，问计官兵，认真听取官兵的意见，哪怕是带刺的、不合口味的，甚至是牢骚话。

一些领导机关在筹划新年度工作时，就部队发展的难题、新年度工作的打算、准备为基层办的实事等，深入基层，问计官兵，请他们提意见、谈建议、说想法。

机关真诚的态度，扎实的作风，既打开了官兵的心扉，又打开了官兵的“智库”。

基层官兵的理解和支持，是机关做好各项工作的重要保证。要想把新年度工作筹划得科学合理，充分了解官兵的意愿，集中官兵的智慧是一个重要环节。只有知道官兵在想什么、盼什么、急什么，机关才能知道自己应该干什么；只有眼睛朝下看，双腿往下走，开门问计，才能集思广益，避免闭门造车、盲目决策，使新年度工作计划尽可能切合实际，符合规律，反映民意。

有些机关干部过于自信，觉得自己站得比官兵高，想得比官兵远，见识比官兵广，用不着问；有的担心问计或求助于官兵，会被人看低了；有的明明对有些问题了解不多，把握不了，也不愿向官兵请教，或者请教了也只是装装样子。机关的大小、职务的高低与对工作实际情况认知的程度并不一定成正比，机关的威信并不会因为问计官兵而减损。在推进中国特色军事变革的大潮中，有许多新知识、新思想、新技能需要学习，有许多新情况、新问题需要研究。机关干部个人能力再强，也有一定的局限性，而群众的智慧是无穷的。

抗日战争时期，李鼎铭先生向我们党提出“精兵简政”的意见后，受到一些人的非议，有的人甚至怀疑他的提案动机不纯。然而，毛泽东坚决支持李鼎铭，采纳了他的意见，制定了相应的政策。后来，毛泽东在《为人民服务》一文中提到这个情况，并告诫全党：因为我们是为人民服务的，所以，我们如果有缺点，就不怕别人批评指出。

问计官兵不是一般地做调查，更不是做姿态，而是真心诚意地向官兵讨教，认真听取他们的意见建议，而且在内心深处承认广大官兵的智慧和作用。机关干部不能把基层官兵看“扁”、看“轻”了，不能忽视任何基层官兵的意见，而应该主动放下架子，扑下身子，迈开双脚，真正深入基层，使官兵敢于、乐于向自己讲真话、道实情、献妙计。当官兵对机关过去一年的工作提出批评时，要虚心接受；当官兵对新年度工作提出好的建议、办法时，要及时采纳。要善于对基层官兵局部的、零散的、感性的资料、信息、经验和认识，进行认真分析、甄别、综合和概括，通过理性思维，形成新年度工作的整体思路。

原载《解放军报》2006年12月28日第2版

落实先要“落地”

核心提示：贯彻落实上级指示精神，首先要有一个明确的态度。发自肺腑、真实无虚的表态，当然是必要的，但到此为止肯定是不够的。再好的态度也代替不了行动，何况态度的真伪恰恰需要用行动来检验。只表态不行动的人，习惯于炮制正确的废话，甚至把表态变成了表演和投机。其实，表态不一定都用语言，用行动表态更有说服力。

基层是部队建设的基础，也是贯彻落实上级指示精神的末端。上级的指示精神能否在基层生根、开花、结果，关键要看基层能不能让它及时准确地“落地”，即落实先要“落地”。

落实是一个由多个环节构成的过程，而“落地”是其中的第一个环节，其本质就是具体化。上级的指示精神只是原则和方向，不可能把每个单位的具体情况都照顾到。基层应该把上级的共性要求与本单位的实际情况结合起来，把上级的指示变为可操作的措施，把上级的要求细化为具体的工作。而能不能具体化，就看基层有没有创新精神，能否吃透上边的，摸清下边的，借鉴别人的，最后形成自己的。

当前，有些基层单位在贯彻落实上级的指示精神时打折扣。有的生吞活剥，照抄照转，“上下一般粗”，上面怎么说，自己怎么喊，从宏观到宏观，从原则到原则，正所谓“小官说大话”。这种教条主义的做法使上级的指示精神落在了“半空”中。有的满足于会议开了、文件发了，表态很及时，口号喊得响，至于由谁落实、怎样落实则往往没有下文。这种形式主义的做法，使上级的指示精神落在了嘴上、纸上。

基层没能使上级的指示精神“落地”，既有认识问题，也有态度问题。有的同志把对待上级指示与对待上级态度等同起来，认为照搬才是不折不扣的贯彻，照抄才是对上级的尊重。其实这是一种误解，看上去“不走样”，实际上“走了神”。有的同志是偷懒，缺乏事业心、责任感，对上级的指示精神钻研不够，对本单位的实际情况研究不透，找不到两者的结合点。毛泽东同志曾经一针见血地指出：盲目地表面上完全无异议的执行上级的指示，这不是真正在执行上级的指示，这是反对上级的指示或者对上级指示怠工的最妙方法。

"落地"的关键是结合。没有结合，就谈不上"落地"，更谈不上落实。结合的目的在于找到最佳突破口，确保上级指示精神真正贯彻到本单位的各项工作中。做好结合的文章，要有科学的态度，能动地而不是被动地、积极地而不是消极地对待上级指示；还要有扎实的作风，既认真学好上级的指示精神，正确领会其精神实质，又深入调查研究，摸清本单位的实际情况，使两者能够"对接"。

领导机关也要为基层贯彻上级指示精神提供环境，创造条件。"落地"需要时间。如果上级的指示精神政出多门，交叉重复，就容易影响基层的整体思路和正常工作。"落地"需要空间。如果上级的指示精神太"满"太具体，基层"照单全收"后就只能"照此办理"，没有创新和发挥的余地，很难形成自己的思路和特色。这就需要领导机关抛弃急功近利、好大喜功的思想，尊重基层的意见，正视基层的特点，让他们有足够的时间来消化，有足够的空间去贯彻。

原载《解放军报》2005年10月28日第3版，本文荣获总后第九届军事文学奖。

半年“回头看”很有必要

——常回家看看，谢父母养育之恩；常“回头”看看，查工作是否对“路”。

半年时间一晃而过，部队各项工作进展如何，还存在哪些薄弱环节，计划、指标是不是只停留在“表”上？半年工作小结时，有必要认真进行“回头看”，拿出年初的计划对照分析一番。

一些单位的工作之所以徘徊不前，一个主要原因就是不重视“回头看”、不善于“回头看”；有的同志几年下来，思想业务素质提高不快，也与不注重“回头看”有很大关系。半年时就工作进展和落实情况进行一番审视，不仅仅是回顾过去，更是为了再接再厉。

“回头看”的关键是求真务实。由于种种原因，年初作出的一些承诺，有些可能兑现不了，或者出现一些失误，这都是正常的。如果真正把问题的症结找准，把失误的原因分析透，就能达到“吃一堑，长一智”的目的。认真进行“回头看”，还得静下心来，集思广益。特别是党员干部要做表率，把“回头看”的过程变成更新观念、改进作风的过程，通过“回头看”进一步统一思想、促进工作。

原载《解放军报》2005年6月30日第1版

鼓励创新就要宽容失败

核心提示：“失败乃成功之母”，这已经成为人们的共识。但人们往往自觉不自觉地把鲜花和掌声献给成功者、胜利者，而对失败者则往往抱以偏见，甚至责难。殊不知，失败与成功是息息相关、紧密相伴的。可以说，重要的发现、重大的发明、重大的创造，都不是平坦的大道铺就的，几乎都经过许多艰难曲折之后而成的。因此，请把掌声送给那些不畏失败、勇于迎接失败挑战的人们。

总后油料研究所着力打造科研创新长效机制，使科研成果呈现出又好又多的可喜局面（见本报2009年3月8

日第4版）。创新的长效机制有很多方面，宽容失败是其重要内容。

创新是对未知的探索，是一个不断试错的过程。要创新就会有失败，鼓励创新就要宽容失败。每一次成功之前，可能会经历很多次失败。钱学森在论述科学发展规律时说："正确的结果，是从大量错误中得出来的，没有大量错误做台阶，就登不上最后正确结果的高峰。"因此，创新需要有包容的制度、文化和环境作保障。

当然，宽容失败并非无原则纵容失败，更不是鼓励随随便便失败。失败背后的创新行为，应该源于部队需要，经过认真论证，遵循客观规律，付出了艰苦劳动，留下了经验教训。这与那种因违背规律、盲目蛮干，草率行事、不负责任而导致失败的所谓"创新行为"不同，更与那种以"创新"之名假公济私、推卸责任的行为迥异，后两种行为是无价值的、可以避免的。

宽容失败，其实是鼓励创新的同义词。宽容失败，才能鼓励探索、激励成功，才能培育官兵的创新意识、创新精神。苛求成功，等于给创新者戴上了紧箍咒、绑上了大沙袋，使他们畏首畏尾、裹足不前。如果一个单位的官兵谈失败色变，丧失了失败的勇气，那么就意味着这个单位的创新之源即将枯竭。美国的硅谷之所以取得传奇般的成功，很重要的是因为那里的失败者不仅不会受到歧视，而且会得到善待，有机会反败为胜，走向成功。

任何失败，都会导致一时的利益受损。但从长远来看，为失败"埋单"正是为成功"预支"。失败的经历十分珍贵，可以为以后的探索奠定基础，使后来的成功者少走弯路。风险越大回报越高，创新一旦成功，其收益可能是失败成本的几十倍上百倍。

少数领导干部在创新上急功近利，急于求成。今天投入了，巴不得明天就见效；今天立项了，恨不得明天就成功。表面看这是对创新的态度问题，实际上是政绩观不端正：只想着用创新给自己贴金，而不想怎样为创新铺路；只希望任期内见到创新成果，而不愿创新在后任者手上开花结果。因此，领导干部要经常查查自己的政绩观是否正确。

原载《解放军报》2009年3月12日第4版

莫当“三旨相公”

核心提示：领导干部担负引领、决策、组织、指挥、协调等重要职责，如果只有“取旨”、“领旨”、“传旨”之功，没有结合实际的独特“构想”，缺乏创造性地开展工作的本领，那就无异于一个“传令兵”，就会严重失职和无所作为。

以“讲学习、讲政治、讲正气”为主要内容的党性党风教育，是新形势下加强各级党委班子建设，提高领导干部素质的重要举措。提起“素质”便想到唐朝的王珪，他做丞相时，毫无建树。上殿奏事，云取圣旨；皇上批复后，云领圣旨；退朝见了下属，云已得圣旨。因此，被人戏称为“三旨相公”。

时下，确有一些领导干部的为政之道，与王珪的三传圣旨颇为相像。其一，贯彻上级指示大而化之。习惯于当“传声筒”，照抄照搬；满足于会开了、文件学了、要求提了，看上去贯彻很认真，但实际上上级指示并未在本单位得到真正落实。毛泽东同志曾一针见血地指出：“盲目地表面上完全无异议地执行上级的指示，这不是真正执行上级的指示，这是反对上级指示或者对上级指示怠工的最妙方法”。其二，了解下情粗枝大叶。以为自己从基层一步步上来，干部、战士在想啥，存在哪些主要问题，不问也能猜个七八分。懒于迈开双脚沉到基层，做些深入细致的调查研究；有时即使下去，也蹲不住，走马观花，浮光掠影地捕捉一鳞半爪；对基层情况若明若暗，对存在的问题把握不准，具体指导只能凭经验拍板，靠权力决断。其三，陈陈相因，喜欢用老套套抓工作。习惯于老做法、老套路，缺乏改革创新的意识和大胆开拓的行动；上级怎么要求怎么做，怎么部署怎样抓，有的甚至把人家的东西“拿来”生搬硬套，简单模仿，表面看热热闹闹，但由于脱离本单位实际，往往事倍功半。难怪老问题依旧，新问题不断，单位建设总是在低层次上徘徊。

王珪似的干部，对我们党的事业是非常有害的。上级的指示精神能不能在基层得到较好落实，一个单位的各项建设能不能不断取得进步，与各级领导干部是否能够创造性地抓好工作落实关系极大。王珪之类之所以毫无建树，其根源和症结就在于此。

出现上述问题的原因是多方面的。有的是精神状态不佳，不愿多动脑筋，多想办法，往往不求有功，但求无过，熬年头，混日子，缺乏“为官一任，振兴一方”的职责意识；有的工作指导思想不端正，作风漂浮，不深入实际、深入群众调查研究、解决问题，而是好大喜功，喜欢做样子，热衷于做表面文章；有的缺乏良好的自身素质底蕴，无力做创造性的工作，只有当个“传声筒”；有的原本“底子”不厚，却不愿静下心来学理论、学业务、学相关知识，沉湎于拉关系、交朋友和休闲娱乐之中；有的满足于经验不多可以对付一阵子，理论水平不高可以过得去，凭老经验、老方法办事，以不变的思维定势、工作方法，应付不断发展变化了的新情况、新问题；有的是因为缺乏争先创优的竞争激励机制，往往干与不干一个样，干好干坏一个样，与其创新发展担责任，不如按“旨”办事求太平。

结合实际创造性地抓好各项工作落实，是我们党历来强调的一种工作方法，也是领导干部必备的基本功。要做到这一点，当前应着力在增强责任意识、提高抓落实的本领、营造抓落实的环境上下功夫。

责任意识，说到底是个思想觉悟问题，是世界观、人生观、价值观的反映。现实告诉我们，有了强烈的责任意识，即使暂时能力差一点、办法少一点，也会逐步赶上来；反之，思想上不思进取、萎靡不振，即使能力素质再高，也不会把工作干好。同样的工作，同样的环境，有的人干得很出色，有的人则和尚帽子平沓沓，这里固然有经验、能力、素质上的差别，但关键还是事业心、责任感问题。因此，要通过“三讲”学习教育，认真查找和纠正各级领导干部责任意识不强，思想懒惰，作风漂浮等方面的问题，把加强理论学习与改造世界观结合起来，提高思想觉悟，增强干好本职工作的使命感和责任感；把对上负责与对下负责结合起来，克服官僚主义、形式主义，自觉深入基层、真抓实干，“视名利淡如水，视事业重如山”，扎扎实实抓好各项工作的落实。

良好的自身素质，是干好工作，履行职责的基础和前提。“三旨相公”之所以只有“传功”，没有“做功”，与其“低能”不无关系。“问渠哪得清如许，为有源头活水来”，新思想、新思路、新办法，不会从天而降，需要在坚持不懈地学习中积累。现在，虽然绝大多数领导干部都获取了大专以上文凭，但文凭与水平并不一定划等号。即使文凭与水平相称，也存在知识更新的问题。尤其是当今时代，新科技、新事物不断涌现，如果不去充实新知识，不去涉猎新的领域，不去思考和研究新的问题，就不会有新的思想方法和工作路数，出现职务与能力水平不相称的问题就不足为怪了。提高抓落实的本领没有捷径可走，只有靠扎扎实实地学习来获得。只有不断学习研究，才能提高领导层次和领导水平，面对新情况、新问题，才能出思想、出办法，形成切合本单位实际的工作思路，创造性地完成上级赋予的各项工作任务。

“三旨相公”得以存在，还是有其生存的土壤和条件。要从根本上铲除它，还应建立争先创优的竞争激励机制。比如，对干部德、能、勤、绩的考核，要充分走群众路线，少用“伯乐”相马，多设“赛场”跑马，是骡子是马拉出来遛遛，良驹劣马便见分晓。事实证明，这样做既有利于激发各级干部的积极性，也使滥竽充数者无处藏身。要给干事业的人提供舞台，不搞论资排辈、迁就照顾，使人才脱颖而出，真正形成“能者上，平者让，庸者下"的氛围，给搞形式主义，“占着茅坑不拉屎”的干部出示“黄牌”，或干脆“红牌”罚下，这样才能使“王珪”之流失去生存的市场。

合作者：柴明汉，原载总后勤部《党风党纪情况》1999年9月6日总第78期。

提倡少开会

核心提示：开会是集思广益、交流经验、部署任务、指导建设的一种有效的工作方法。但是，当开会成为一种负担、“应景之作”，以及为实现其他目标的“挡箭牌”时，就需要对会议实行约束和控制。

开会，是一种集思广益的民主形式，也是一种有效的工作方法。所以，必要的会应当开，而且要开短会、开小会，形成廉洁务实的会风。但近些年来，由于种种原因，那些可开可不开，甚至根本没有必要开的会实在太多、太滥了。据某军级单位统计，年初司政后技机关申报的会议多达170多个(种)。如果按每个会议1天算，除去节假日，这个单位一年仅开会就要占50%的工作日。假如把每年的这些会议所用经费、人力、物力统计一下，那数字肯定是惊人的。而且，有些会议还要求基层负责该项主管领导或部门领导参加，有的要求主官必须到会，致使一些领导同志整天奔波于“会海”之中，不仅影响了正常工作，而且助长了形式主义等不正之风。

会议之所以多、滥，原因是多方面的。一是认识上有误区。从上级机关讲，一项工作部署之后，有些同志自觉不自觉地把基层开不开会，视为领导重视不重视的一个衡量标准。从基层讲，一些单位也习惯于用会议开路，有的甚至把开会与抓落实等同起来，似乎“会议开过了，领导就重视了，工作也就落实了”，致使会议成了某些单位的“应景”之作。二是私心作怪。有的单位召开会议，为的就是造声势，使某些领导广播里有声，电视上有影，报纸上有名，其实效如何，浪费的财力有多大，基层满意不满意，群众欢迎不欢迎，却无人问津。三是缺乏规范。对会议开与不开，缺乏严格的审批程序，有的凭个别领导拍脑门子决定；有的机关缺乏统一协调，各唱各的调，各开各的会，使会议失去控制；有的会议缺乏必要的准备，过程失控，议来议去，收效不大；有的会议不够俭朴，食、住、行就高不就低。有人把这样的会议比喻成“休闲会”、“聚餐会”、“交友会”等，不无一定道理。

邓小平同志早在南方谈话中就强调指出：“要腾出时间来多办实事，多做少说。”对那些劳民伤财、败坏风气、助长官僚主义和形式主义的会议，各级都应采取积极的措施，加以控制。

首先，各级领导机关要从根本上转变领导作风。这是根除会议多的一个前提。军队要适应“战场”与“市场”的需要，特别是适应新时期军事斗争的需要，如果没有求真务实的作风是不可想象的。转变作风问题，军委江主席深刻指出：“军队是要打仗的，作风必须非常扎实，来不得半点虚假。”今年3月，国务院总理朱镕基主持召开国务院第一次全体工作会议，对新一届政府工作提出高效廉政的要求，可见转变作风的极端重要性。因此，我们一定要从精简会议入手，摆脱形式主义的干扰。那种以会议开路的思维和做法，已不适应新形势的需要，应予剔除，真正做到能开电话会议的，不集中开会；能用文电部署工作的，不召开会议；能少部分人参加的，不兴师动众，特别是不要什么会都要求主要领导参加，把精力用在抓工作落实上。

其次，要建立健全会议计划、审批制度。每年初，各业务部门就应根据全年工作任务，作出会议计划，经主管领导审查后，报党委会或首长办公会集体讨论决定。要加强监督检查，杜绝临时“拍脑门”决定开会的现象。年终，要对会议情况进行考核讲评，对经常“泡”在会中，做表面文章的，要给予批评教育；对只有“唱功”，没有“做功”的干部，不能提拔重用。

第三，提高会议效率和质量。对非开不可的会，要切实讲究效率和质量。一是要做好会前准备，做到没有经过充分论证的会议不开，与会人员没有准备的不开。二是会议主持人要严格把握会议进程，对会议的开法提出要求，如内容一致的发言不安排，远离主题、东拉西扯的要制止，发言时间要有所限制等。三是改进会风，领导讲话不要“大而全”，有话则长，无话则短，切忌讲大话、套话、空话，使大家有所收获，形成共识。要坚持勤俭节约的原则，不到风景名胜地开会，不发礼品和纪念品，不变相搞旅游，不搞大吃大喝。

原载总后勤部《党风党纪情况》1998年7月20日总第71期

善用“有特点”的人

核心提示：“骏马能历险，犁田不如牛；坚车能载重，渡河不如舟。舍长以就短，智者难为谋；生才贵适用，慎勿多苛求。”这是清朝诗人顾嗣协谈如何用人的颇有见地的论述。凡人才，都有不同“特点”和“特长”，把这些“特点”和“特长”发挥出来，就是“人尽其才”。而那些“有特点”的人，也像骏马不如牛犁田一样，难免有些“缺憾”，用人者不能苛求。

工作中，有这样一些同志，他们在某些方面出类拔萃，有特长和独到之处；但同时，缺点也比较突出。由于他们的优缺点都比较明显，在任用他们时，与那些

“不显山露水”、缺点不明显的人相比，常因“争议大”或者“担心带来不良影响”而搁浅。这种现象，不仅使这些人在事业上没有得到相应的舞台，而且对事业的发展也不利。

曾任美国总统的林肯对格兰特将军任用的经历，可以使我们得到一些启示。美国南北战争期间，林肯总统任用过三四位将领，当初他用人的标准是“无大缺点”。可是这些将领在拥有雄厚人力物力的条件下，反而一个个被南方的李将军手下的将领打败。林肯通过分析发现，对方的每一个将领都有或大或小的缺点，同时又各有所长。后来，林肯毅然决定起用格兰特将军为总司令。命令一下，外界褒贬不一。有人告诉林肯，格兰特好酒贪杯，难当大任。林肯笑了笑说：“如果我知道他喜欢喝什么酒，我倒应该送他几桶，让大家共享。”林肯总统并不是不知道酗酒可能误事，但他更知道在北方所有将领中，只有格兰特能运筹帷幄，决胜千里。后来事实证明林肯用人的正确，他对格兰特的任命，成为南北战争局势的转折点。

由此可见，林肯总统的用人标准，也是在付出血的代价之后才改变的。用人就是要能够“容人之短，用其所长”。当然这种“短”是有限度的，那种品德恶劣、能力低下、不善于团结人的人绝不可用。应该说多数领导同志能把握这个标准，但也有一些同志用人时求全责备，不能容忍缺点，总想挑那种十全十美的人；有的甚至不喜欢干部有个性，把特点当缺点，把“老实”、“听话”、“顺手”视为可靠，将那些有主见、敢于发表不同意见的干部视为“不听话”的人，甚至视为“有毛病”的人。这样选人看似标准严格，其实既不符合事物的客观规律，也不可能真正选到可堪大用的人。

许多事实证明，有缺点不等于不是人才；无大缺点也并不等于可堪大用。好人并非能人，能人并非完人。一个人总是既有优点，又有缺点，而且才干越突出的人，其缺点也往往比较明显。清人顾嗣协在谈用人时说："舍长以就短，智者难为谋；生才贵适用，慎勿多苛求。"看一个人是否有才，主要看其在某一方面或有关方面是否有造诣，是否有胜任某项工作的能力和专长。比如选拔一个军事指挥员，如果其军事素质极好，才能超群，而公关能力、交际能力弱一点，应该说是不会影响其发挥才干的。

用人是门艺术，清代思想家魏源说："不知人之短，不知人之长，不知人长中之短，不知人短中之长，则不可以用人，不可以教人。"可见，用人仅能用长避短还不够，还要知长中之短、短中之长和为什么长、为什么短这样一些问题。其实，如果真的把这些问题搞清楚了，用人之长和用其之"特"的问题也就解决了。

原载《解放军报》2004年3月23日第 7版

精细管理　以小见大

核心提示：“一只蝴蝶在南美洲某个角落扇动一下翅膀，最终可能在美国得克萨斯州引来一场龙卷风。”这种“蝴蝶效应”理论告诉我们：在我们日常生活工作中，有许多事物会“由小变大”，“由少聚多”，而有时由于我们忽视了这种“小”和“少”的发展大趋势，以至失去了大发展、大作为或者引发了大失误、大损失……

总医院文化广场地下车库投入使用后，营房部门针对车库情况，及时采取节能措施，在保证亮度的前提下，使照明灯部分工作，最大限度地节约了用电。仅此一项一年可节约10余万元。

由此联想到科学家提出的“蝴蝶效应”：一只蝴蝶在南美洲某个角落扇动一下翅膀，最终可能在美国得克萨斯州引来一场龙卷风。这种混沌理论认为，在混沌系统中，初始条件的十分微小的变化，经过不断放大后，将对事物的未来造成极其巨大的影响。管理工作中的许多问题，印证了“蝴蝶效应”理论的作用。就拿地下车库节电来说，虽然技术措施并不复杂，但仅此一举，一年就省下10余万元，10年就是上百万元。反之，如果忽视了这个不起眼的环节，一年就要损失10余万元。可谓不算不知道，一算吓一跳。这就是精细管理所带来的可观效益。

在日常工作生活中，类似的现象可谓不胜枚举。有许多看似微不足道的小事，其实却蕴涵着大道理。是利还是弊，是正效应还是负效应，就看我们采取什么态度和行为。雷锋之所以成为人们学习的楷模，就是坚持做好平凡的一件件好事，展示出公而忘私、助人为乐的高尚品德；科学家袁隆平就是因为有十年磨一剑的锲而不舍、持之以恒，才成功培育了“三系杂交水稻”，被誉为“世界杂交水稻之父”；我国航天事业之所以创造火箭发射的良好信誉与品牌，就是源于航天人一丝不苟，追求“零失误”的高标准；我们总医院南楼，也是四十年如一日，一批批领导和医护人员以高度的政治责任感，严谨细致、精益求精的作风养成，铸造了辉煌。反过来看，一粒多余物可以使火箭升不了空；一个虚焊点可以使导弹失去目标；一张字迹潦草的处方，可以导致找错针、吃错药，一个马虎大意可能酿成医疗事故；一只烟火可以引发一场火灾。那些不起眼的长流水、长明灯，一年年累积起来，就是个惊人的数字……

由此可见，精细的理念和作风素养，不是一蹴而就的，而是一点一滴、长期积累的结果。比如，有的老专家为病人诊脉，常常是先把双手搓热、把听诊器用手捂热，再接近患者皮肤。这个不经意的小动作，就透射出老专家规范严谨的职业操守和作风养成，这往往也正是其成为专家的理由。今年院党委确定集中一年时间，开展管理年活动，就是要使全院同志牢树立精细化的管理理念，培养善于管理、精管理的良好习惯，把严格精细的管理贯穿于思想政治建设、医疗保健、教学科研，以及后勤保障等各个方面，特别是要注重从那些打基础、管长远的基本素质、基本养成抓起，从那些影响工作质量的细微之处做起，从而不断提升各项建设水平。

当然，倡导精细管理并非事无巨细，丢西瓜拣芝麻，而是要提高“以小见大”的能力，培养见微知著的眼光，增长发现解决问题的本领，切实防止管理粗枝大叶，因小失大。

原载《解放军总医院报》2006年10月11日第3版

有感于“一三五”办事制度

核心提示： 医院领导机关作为领导医院建设的重要指挥枢纽，其办事效率高低、作风好坏，不仅直接关系到指导基层建设的质量，而且影响到党委领导的形象和威信。对机关的办事时限作出规范和量化，有利于增强机关的效率意识、服务意识、质量意识，使机关与基层形成良性互动，养成正规、高效的办事习惯。

最近，在院处以上领导骨干例会上，院首长指示机关建立“一三五”办事制度，即：科室、分队等基层单位的一般性请示、报告、反映的问题，属于机关各部、处职责范围内解决的，限1天内回复处理结果；需多部门协调解决的重要问题，限3天内回复结果；需院领导、机关各部门研究解决的特殊、复杂问题，限5天内回复处理结果。机关超过期限未予回复，科室、分队等基层单位可根据所反映问题的轻重缓急予以办理，由此产生的后果由机关承担，并追究有关领导的责任。院首长的这一重要指示，对于机关进一步改进作风，提高工作效率，加强基层建设，具有很强的针对性、指导性和操作性。

机关是党委和首长的办事部门，担负着工作部署、组织指挥、统筹协调、解决问题和服务保障等重要职能，是医院建设的重要指挥枢纽。机关办事效率高低、作风好坏，不仅关系到基层建设质量，也影响到党委领导的形象和威信。总医院横宽纵短，对基层是面对面领导，机关不仅要履行指导的职能，当好“指导员”，有些工作也要直接抓落实，当好服务员。按照院新的领导班子“超常规、快节奏、大跨越”加快医院发展建设的要求，在新编制机关缩减员额、任务量增大的情况下，对机关干部提出了新的更高的要求，必须具有雷厉风行、高效快捷的办事作风。

提高工作效率，就应牢固树立为基层服务的意识。思想是行动的先导，能不能热心快捷地为基层服务，关键是要端正对基层的服务态度。基层是医院的基础，为兵服务、为患者服务的任务要靠他们直接来完成，引导好、服务好、保障好一线是机关义不容辞的责任。机关要把基层的事当成自己的事，与基层换位思考，想基层所想，急基层所急，对基层需要解决的问题，坚持能办的立即办，难办的想法办，不能办的解释清，真正把服务的标准和要求落实到机关抓基层的各项工作之中，不因积压、拖拉、推诿等影响基层工作，给基层带来困扰和损失，更不能让基层为机关“倒服务”。

提高工作效率，就应注重提高机关自身的能力素质。机关干部有为基层服务的热心、愿望和态度是好事，但同时也要有办成事、会办事、办好事的本领。否则，往往事与愿违。机关干部应努力做到能谋善断，既会给领导“出点子”，又能给基层“开药方”，善于领会首长意图，了解基层需求，变一般为个别，化原则为具体；善于协调关系、化解矛盾、解决问题；善于当多面手，指挥、协调、落实一肩挑；善于“弹钢琴”，分出轻重缓急等等，这样才能履行好机关的职能。

提高工作效率，也要注意处理好快与好的关系。效率与质量是相辅相成、辩证统一的关系。讲效率是以保证服务质量为前提的，应防止和克服舍本逐末，“萝卜快了不洗泥”，为了赶时间，使服务质量下降的现象。当然，作为基层单位也要与机关改进作风同步。把领导机关的关心，转化为更好为病人服务的行动。同时，对确属客观条件不具备，机关一时难于解决的问题，予以谅解，使机关基层密切配合，高质量地完成以医疗保健为中心的各项任务。

原载《解放军总医院报》2005年6月22日第3版

管理贵在常抓不懈

核心提示：美国古典管理学家泰罗对管理的要义描述为“确切知道要别人去干什么，并注意他们用最好最经济的方法去干”。尽管管理的定义仁者见仁，智者见智。但其精髓还是通过“管到位”，使人、财、物等资源利用效益最大化。

“明亮洁净电梯间，语言形象大家赞，温暖关怀超一流，爱岗敬业做奉献。”这是前不久我院医疗楼一位住院患者为电梯服务员作的一首赞美诗；肾科三病区18名患者也联名写信，感谢他们的优质服务……医疗楼电梯班从管理不规范到管理水平提升到一个新层次，给我们集中抓管理以有益的启示。

在筑牢一流服务理念上下气力。管理理念决定管理层次。追求一流的管理就要有一流的理念。为提高大家的思想认识，院务部和基建营房处领导亲自组织召开班长骨干会和全体人员大会，教育引导大家做到“三个认清”：认清医院快速发展的新形势和院党委狠抓质量和管理的重大意义，要求大家始终把管理服务标准定在“一流”上；认清医疗楼电梯处在窗口位置，是医院的门面，管理服务如何不仅体现个人素质修养，也代表医院的整体管理水平和形象；认清开好电梯也是自身价值的体现。

在发现和解决疑难问题上求突破。疑难问题是制约和影响服务质量的关键环节，管理层次的跃升也往往从发现和解决问题中找到突破口。针对电梯员工大多是临时工，工资待遇较低，人员不稳定，以及服务管理中的问题，他们着力从以下几方面认真加以解决：选准配强骨干。善管理的班长调至这个重点部位，并增设了一名副班长，使医疗楼管理力量得到加强；配发制服，使着装整齐划一，改善形象；参照有关规定对临时做了合理的调整。

在建设高素质队伍上使实招。能不能实现一流的管理服务，说到底取决于员质。针对电梯班长未经过正规管理培训，电梯员工都来自农村，文化偏低等实际，安排专门时间训练；组织班长骨干外出参观，聘请星级宾馆管管理人员授课，学习电梯操作规程和有关规章制度；进行军训和规范服务模演练，从一句热情的话语、一个礼貌的微笑、一个规范的举止抓起。除此之外，他们还提供条件，鼓励大家业余时间学习文化，自练内功。

原载《解放军总医院报》2006年5月10日第4版

多给基层送点“渔”

核心提示： 在加强基层建设中，不少基层群众发自肺腑地反映这样一种心声：“给钱给物，不如给个好支部”。这从一个侧面反映了基层群众对建设一个好班子的期盼。领导机关对基层给予钱物政策等方面的帮扶是必要的，但也不能忽视强化基层自身能力的培养，把从外部“输血”与自身“造血”结合起来。从一定意义上讲，善于“造血”，自己学会走路更具根本性、长远性。

临近年底，很多领导机关组织干部深入基层调查研究，排忧解难，指导工作。但有的机关干部满足于给钱给物，而忽视了教方法、教思路。这种重送“鱼”轻送

“渔”的现象应该引起重视。

古人说：“授人以鱼，三餐之需；授人以渔，终生之用。”授人以鱼只救一时之急，授人以渔则解一生之需。加强基层建设，给钱给物是必要的、应该的，但“输血”代替不了“造血”，授“鱼”代替不了授“渔”。只有注重教方法、教思路，强化基层的“造血”功能，基层建设才能充满生机活力，不断取得进步。一味送“鱼”，不仅难以解决基层的根本问题，而且容易在有的基层单位滋长依赖思想。

现在，基层建设面临的新情况新问题不断涌现，其复杂性、棘手性远非从前可比，应对和解决起来有相当难度。与此同时，基层干部的构成发生很大变化，大学生干部逐年增加。他们的经历相对单一，在基层磨炼的时间较短，第一任职能力较弱。如果机关不能积极主动、不失时机地教给他们一些管用的方法，那么，基层建设很可能陷入盲目和被动。为什么有些基层单位上级钱物没少给，但全面建设没起色？根本原因就在这里。基层干部自身解决问题的能力提高了，才能在工作中从容应对新情况，妥善解决新问题。

送“渔”还是送“鱼”，不仅仅是方法问题，更是作风问题。送“鱼”看得见，摸得着，立竿见影，容易出名挂号，给领导留下好印象，给基层留下好口碑。送“渔”看不见、摸不着，耗时长、见效慢，费劲大、“收益”小，送多送少好像差不多，不容易引起上级注意。显然，送“渔”比送“鱼”境界更高，作用更大，作风更实。

基层工作看似简单，实则非常复杂。机关干部要想有“渔”可送、“货”真价实，就得既当老师又当学生，经常深入一线，在与官兵实行“五同”中掌握情况、解决问题、增长才干；认真学习研究新修订的《军队基层建设纲要》，切实弄清基层建设抓什么、怎么抓，掌握抓基层的主动权，成为抓基层的“明白人”；多从方法上传帮带，少在具体问题上插手，始终把加强基层班子建设、人才队伍建设等带根本性、长远性、基础性的工作，作为抓基层的重点。

原载《解放军报》2009年12月17日第5版

牢固树立质量建设的理念

核心提示：2006年12月5日至7日，中共中央、国务院召开的中央经济工作会议将发展国民经济由过去的“又快又好”改成“又好又快”。这显然不是两个词汇次序的简单变化，而是强调“好”的主导作用，要在确保“好”的前提下求“快”。发展须有质量，应该成为每个人的理念。

新年日历刚刚翻开，院党委就迅速发出动员令：开展质量建设年活动。以加强质量建设为主线，着力提高各项工作质量。由此，全院上下积极投入，全面揭开了质量建设的帷幕。

2005年，是实施《2005年至2010年总医院建设发展规划》第一年，也是奠基之年。有道是，万丈高楼平地起、“百年大计，质量第一”。去年，我院各项建设取得了长足进步，医疗数质量指标、医疗收入、政治工作、教学科研、后勤保障等等，都取得了历史上的最好成绩。但是，从长远发展来看，按照建设一流的解放军总医院的标准要求，还存在许多不足。部分同志质量建设意识不强，盲目乐观，自我感觉良好。有的服务态度不够端正，有的医疗作风比较粗疏，有的单位医疗还存在纠纷隐患等等；大到医疗保健诊治水平，小到日常养成和举止，与医院快速发展的新形势，与一流的建设目标，与总医院的地位作用都有一定的差距。这些问题不从根本上解决，就会影响和制约医院的长远发展。可以说，形势喜人也逼人，压力与动力同在，机遇与挑战并存。

院党委高标准，严要求，审时度势，在医院发展建设的关键时期，作出科学判断和决策，开展“质量建设年”活动。这是实现医院快速、持续发展的重要举措，抓住了医院发展建设的核心问题、关键环节。体现了院党委认真落实总后首长“五个一流”目标指示的决心和信心，也体现了全院人员渴望发展的共同心愿。

加强质量建设，是篇大文章。它涵盖了医院建设的方方面面：不仅包括医疗、保健、护理、科研建设，也包括思想政治建设、各项管理和后勤保障；不仅包括对病人的高质量、人性化服务，也包括全院人员自身综合素质的提高；不仅要在平时的医疗质量上信得过、靠得住，也要在执行军事斗争卫勤保障和应急任务上经得起考验，等等。做好这篇大文章，可谓任重道远，责任重大。每一个总医院人，都应认清自身肩负的历史责任，把质量建设作为医院发展建设的生命线，牢固树立质量建设理念，让质量建设进入思想，进入工作。人人争当加强质量建设的实践者。

原载《解放军总医院报》2005年1月14日第1版，为院报撰写的评论员文章。

远离“非典状态”

核心提示：2002年底席卷全球30余个国家和地区的“非典”（SARS）疫情危机，2003年3月以后疫情向全国扩散，其中尤以北京为烈。由于人们最初对此传染病的认识尚有许多未知数，理智的应对策略显得尤为重要。有位科主任就做出了榜样。2004年6月24日，世界卫生组织（WHO）宣布解除对北京的旅游禁令，中国内地抗击“非典”取得胜利。

日前，笔者在与我院一位科主任路遇交流中，顺便问：当前都在忙着抗“非典”，病号和手术明显减少，你们在忙什么？这位主任告诉笔者，他在发动全科人员利用这个机会多搞些科研，多写点论文，出些成果，把减少病号的“损失”夺回来，来个“堤内损失堤外补”。笔者听后，不禁为这位科主任这种不等不靠，想办法充分利用时间的做法叫好。

时下，突如其来的“非典”，确实给我们的正常工作、生活造成了不小的影响，患者门诊量和住院率明显下降，出行和探亲访友受到限制。人们一时缺乏心理准备和适应能力。有的平时与外界接触多，业务技术交流多，突然一下停下来不习惯；有的医疗任务重，整天围着患者忙忙碌碌，突然一下病号减少了不习惯；有的经不住来自“非典”的不好消息，以至谈“典”色变，睡不好觉，吃不好饭，出现“非典综合症”等等，一时出现心里发慌，无所适从，无事可做是正常心理反应。但是，如果长期处于这种“非典状态”不能自拔，不但无益于身心健康，也给工作生活带来不利影响。

好事与坏事，是一对矛盾。二者在一定条件下可以相互转化，将坏事变成好事。病人减少了，对正常医疗来说是坏事，但给医务人员提供的学习、科研、训练的时间增多了。从这个角度看又是好事。医务人员平时因医疗任务重，难以坐下来专心致志抓学习，研究思考些深层次问题。此时，倒是可以多读点书，多研究点问题，多出些科研成果。生物学家达尔文曾说过：“完成工作的方法是爱惜每一分钟……”前面提到的那个科的做法就很值得学习。他们善于做自我转换的文章，不让大家空等着病号上门，不坐等上级来任务、给政策，努力把聪明才智最大限度地发挥出来，把损失减少到最低限度，充分利用时间，汲取知识营养，进行业务“充电”，岂不是英雄大有用武之地？

思路一变天地宽，办法总比困难多。只要充分挖掘潜力，研究思考对策，就可以有所作为。比如，积极向外界宣传我院抗“非典”的有力措施，取得“零感染”的成果，消除患者恐惧心理，加大收治率；根据科室人员情况，有针对性地组织业务培训，学习医疗法规，总结医疗经验，完善制度措施等等。可以想出许多招法，摆脱“非典”的影响，使工作和生活充实起来。

原载《309医院报》2003年5月28日第1版

大力推进节约活动深入开展

核心提示： 节约是一种文明的生活方式，更是公民的一种社会责任。欧洲国家生活相对富裕，但他们在饮食等方面很节省，从不浪费，富而不奢。个中原由就是，他们认为奢侈浪费是低级粗俗、没品味。中华民族历来把勤俭节约视为传统美德。这个美德不能因为我国经济发展的加快和人民生活水平的提高而丢掉。

广泛开展资源节约活动，是今年院党委贯彻落实科学发展观，建设资源节约型医院的重要决策之一。认真贯彻这一重要决策指示精神，对于我院在新的历史时期和新起点层次上，大力推进医院又好又快地发展具有十分重要的现实意义和深远的历史意义。军委、总部首长明确提出了军队要走在全国资源节约工作前列的要求。院党委、院首长高度重视这项工作，把它列入党委的重要议事日程，精心组织，周密部署，一个全院性节约活动，拉开了帷幕。

大力推进节约活动的深入开展，首先要提高全院人员的节约意识。全院人员要充分认清院党委决策的重要意义，认清节俭不仅是一种生活态度和生活方式，更是一种价值取向和精神状态。要牢固树立“节约光荣、浪费可耻”的观念，增强节约的责任感和自觉性，大力倡导节俭、适度、合理消费的理念，倡导文明的消费方式，倡导勤俭节约的良好风气，营造人人关心节约、人人参与节约、人人践行节约的良好环境。

大力推进节约活动的深入开展，要切实明确目标和重点。在完成任务量相同的情况下，全院资源、能源消耗总量和经费开支比去年要明显减少；在任务量增加的情况下，全院各单位资源、能源消耗同比持平或下降；在政策、标准、行业惯例之外，全院所有部门都要降低管理成本。要把行政办公、药品、医疗器械、水电气、营房维修、车辆燃油、饮食被服、基础建设、医学保障物资等作为全年节约工作的重点突出出来，紧紧抓住不放，从解决薄弱环节入手，从细微之处抓起，谋招法，拿措施。

大力推进节约活动的深入开展，要加强组织领导。各级党委和领导要把这项工作列入重要议事日程，明确领导责任。要按照医院的统一部署，紧密结合实际，制订详细的节约计划方案，细化节约目标和评估办法，把节约目标层层分解到科室、病房、班组等基层单位和个人。认真落实节约责任制，主官亲自抓，分管领导直接抓，承办人员具体抓，一级抓一级，层层抓落实，各临床部每月对所属科室进行一次全面检查，全院每季度进行一次全院讲评。年终对各项节约目标完成情况进行检查评估。确保责任到位、工作到位、措施到位、节约到位。要着眼建立规范化的长效运行机制，建立节约的技术支撑体系，培育节约的服务体系和激励、监督制约机制等，最大限度和最大程度地提高军事效益、经济效益和社会效益，为建设节约型医院作出突出贡献。

全院人员要积极响应院党委的号召，以饱满的政治热情，积极行动起来，投身于节约活动之中，把院党委的决策指示落到实处。

原载《解放军总医院报》2007年3月31日第3版，为院报写的评论员文章。

别把"不同"当"不和"

核心提示： 辩证思维的科学性，在于其能客观准确地把握事物的内在规律性及其本质。遗憾的是，许多表面的东西常迷惑人们的眼睛和视野，使他们误入歧途。

发扬民主不够、个人或少数人说了算，在一些党委、支部班子中不同程度地存在。解决这个问题，首先要纠正把意见"不同"当作关系"不和"的观念。

我国古代哲学家曾提出"君子和而不同"的主张，认为和则生物，同则不继。"不同"是指世界的多样性和差异性，"和"是指不同事物相辅相成、共生共长。雄浑动听的交响乐，需要多种乐器合奏。班子的认识也是如此。如果两种意见完全一样，就等于没有增加新思想，不能取得新认识；如果一种意见能够完善或修正另一种意见，就可以增加真理性认识。可见，“不同”的价值远远大于“同”的价值。

一个班子内部对一些问题有不同看法是正常的事，是班子活力和生命力的体现。这种“不同”，是在党委、支部统一的集体领导下的“不同”，是在班子成员思想感情融洽基础上的“不同”，是以推动部队建设科学发展为根本着眼点的“不同”；这种“不同”，不仅无损于“和”，而且有时还是“和”的要素和基础。如果否定和抹杀“不同”，就谈不上高质量的“和”，甚至会导致组织肌体的枯萎。

班子的“和”，不是一团和气的“和”，而是坚持党性原则的“和”，坚持“五湖四海”的“和”，坚持互相支持、互相帮助的“和”。这样的“和”，离不开坦诚的思想交流和真诚的批评与自我批评，离不开不同思想的碰撞和不同意见的争鸣。否则，就不可能达成真正意义上的“和”。

尊重和善待“不同”，就是用宽容的态度和博大的胸怀，兼容并包，扬弃吸纳，求同存异，分辨是非，不因“不同”而排斥正确的意见、建议。对于不同的意见观点，能够在充分讨论的基础上达成一致更好，一时不能达成一致也没关系，在少数服从多数的前提下求同存异，可以留待以后的实践去检验。

培育“和而不同”的高境界和好环境，每个成员都有责任，尤其是正副书记更应该带头作表率，积极营造提不同意见建议的宽松愉悦氛围，不能会前定调子、会上走形式，不能把“班长”当“首长”，把“一票权”当“拍板权”，把“一家之主”当成“一锤定音”，真正形成会上七嘴八舌议大事、会后一个声音抓落实的良好局面。

原载《解放军报》2010年2月27日第5版

让“太平官”不太平

核心提示：“当官不为民做主，不如回家卖红薯”。有所作为，是身为领导干部的职责所系。只为官，不谋事，或者混事，都是未尽职责的表现。而之所以少数干部，把多一事不如少一事，干不成事不如不出事当成“座右铭”和“护官符”，从根本上讲，还是从用人机制上根除其滋生的土壤。

云南边防某团针对机关存在的处理问题不讲原则讲人情、不分是非讲和气、不守规矩讲照顾的不良现象，出台相关规定，进行严肃处理（见本报9月16日九版）。该团的实践警示我们：当“太平官”的思想不除，单位的正气就难兴。

领导机关尤其是领导干部是各项事业的骨干力量，既要能尽责，又要敢负责。毛泽东同志说："我们的责任，是向人民负责。每句话，每个行动，每项政策，都要适合人民的利益，如果有了错误，定要改正，这就叫向人民负责。"领导干部只有以对党和人民事业高度负责的态度和无私无畏的精神，难题面前敢闯敢试、敢为人先，矛盾面前敢抓敢管、敢于碰硬，风险面前敢作敢为、敢担责任，才能推动部队建设科学发展，使单位充满生机活力。

"太平官"的主要问题就是不尽责，不负责。他们精于"不做事没事、做事会出事"的为官之道，不求有功、但求无过，不求过得硬、但求过得去，满足于混日子、守摊子；他们奉行"多一事不如少一事"的处世信条，该讲的话不讲、该表的态不表，面对错误的人和事明知不对、少说为佳，遇到棘手的矛盾和问题能推则推、能躲则躲；他们相信"出头的椽子先烂"的庸俗哲学，瞻前顾后、畏首畏尾，怕出头、怕冒尖、怕超前，等等看看，干干停停。群众称他们是"平平安安占位子，忙忙碌碌装样子，疲疲塌塌混日子"。

建设信息化军队、打赢信息化战争，需要各级干部勇敢地去闯、积极地去试、拼命地去干。如果领导干部为了保"太平"、保官位而裹足不前、安于现状、无所作为，那么，整个单位就会士气低落、死气沉沉，实现军队的战略目标就将是一句空话。这种行为不仅耽误事业的发展，而且损害领导干部的威信和形象。

“太平官”最怕不太平。只要消除“太平官”滋生的土壤，建立应有的处罚机制，“太平官”就会丧失生存的基础。应完善干部选拔制度，坚持以干事业为出发点，为那些敢于创业、敢为人先的干事者提供更为广阔的舞台和机遇；改进干部评价体系，科学全面地评价、考核干部，对“太平官”该警示的警示，该处置的处置，使他们产生危机感、紧迫感，从而形成想干事、肯干事、干成事光荣，不想干、不肯干、干不成事可耻的氛围。

原载《解放军报》2010年10月15日第5版

思想的印痕

卷三

修行励志感悟

积极的人在每一次忧患中都看到一个机会，而消极的人则在每一次机会中都看到某种忧患；伟大的人之所以伟大，是因为他与别人共处逆境时，别人失去了信心，他却下决心实现自己的目标。充满激情活力的人生应是“多为成功找理由，不为失败找借口”。

树立靠素质进步的观念

核心提示： 正如“文革”浩劫使人们误读知识分子是“臭老九”和“读书无用”一样，个别的不正之风使一些人的思想认识产生困惑，导致判断是非的标准迷失和错位：素质好，不如关系“硬”；强素质，不如拉关系。其实人的成长进步也好，事物的发展规律也罢，都离不开一条“铁律”：外因是变化的条件，内因是变化的根据，尤其对年轻的干部来说，最终起决定作用的还是个人的真本领。

江泽民同志在“七一”重要讲话中指出：“年轻干部要担当起领导重任，必须努力提高马克思主义理论水平和思想修养水平，不断增强为人民服务的本领，善于从政治上正确判断形势和把握大局，善于在复杂条件下开展工作。”他强调，要“坚持公开、平等、竞争、择优的原则，积极推行公开选拔、竞争上岗等措施，促进干部奋发工作、能上能下”。在这里，江泽民同志阐明了一个非常重要的思想，就是干部要靠自身的良好素质，赢得组织和群众的认可，担当重任。

近年来，受社会不正之风的影响，部分干部在头脑中形成一种“关系大于本事、素质好不如关系硬”的认识误区，信奉“生命在于运动，进步要靠活动”、“三个公章，不如一个老乡”、“不跑不送，原地不动”等错误观念。有的素质不错、工作比较出色、群众基础也很好的干部，受此影响，也想方设法“拉关系”，攀老乡，把心思和精力过多地放在“感情投资”上，忽视了自身素质的提高。这种观念和做法都是非常有害的。

诚然，一个人的进步离不开组织的培养、领导的帮助，以及同事朋友的支持，但这只是外部因素，关键的、起决定作用的，还是个人的能力素质。素质好才能担当重任，取得上岗资格，也有利于党的事业，这是进步的正当途径。不可否认，确实有人是靠“关系”上去的。但如果因此受其影响，把精力放在拉关系、跑官要官上，那就危险了。因为那样的干部毕竟是极个别的，而且那些人尽管谋到了位置，往往因个人“底蕴”不足，位尊力薄，人们不信服，干起工作来并不轻松。而且靠“关系”谋到的官位，因为素质和威信不高，往往“好命不长”，“关系”走了，自己的“交椅”也就坐到头了。因为素质不高，工作没政绩，还老出问题，因此丢掉“乌纱帽”的也不乏其人。而那些靠素质为官的人，不仅工作能举重若轻，游刃有余，而且具有长远发展的潜力。这方面的事例不胜枚举。

树立靠素质进步的观念，首先要确立正确的职位观。职位是地位和权力的象征，更是责任和义务的体现。担任一定的职务，是组织和群众的信任，是职责和责任所系，但并非干好了就一定要提拔重用，更不能把工作成绩作为向组织讨价还价的筹码。古往今来，有志向的人大都看事业重如山，视名利淡如水。个人的进步来自于兢兢业业干工作，来自于对事业的执著追求。有作为才能有地位，有作为才能有职位。其次，树立靠素质领取"上岗证"思想。职务是暂时的，素质是永久的。如果不在各自岗位上提高素质，不仅不可能提到上一级岗位，而且本职工作也难干得出色，本职岗位也坐不稳。要有一种变压力为动力、"不用扬鞭自奋蹄"的精神，切实靠工作赢得组织的认可，用实绩证明自身的价值。第三，相信组织和群众。俗话说得好，群众的眼睛是雪亮的。仔细观察一下我们身边的人，跑官要官的人大多数是平时工作没做好，素质低下、政绩平庸、群众威信较低的干部。只要我们平时认认真真做工作，提高素质，取得成绩，相信领导和群众会有目共睹的。而且干部的使用是党委集体研究，并不是哪一个人说了算的。总之，自己素质好、有实力，任职的面就宽，也没必要劳神费力求人"走后门"了。

原载《解放军报》2002年2月20日第6版

不给自己找借口

核心提示：1898年美国向西班牙宣战前，美总统要与反抗西班牙的古巴起义军首领加西亚取得联系，但没人知道加西亚在古巴丛林中的确切地点。一个叫罗文的军官受领任务后，面对许多"未知数"，克服困难把信送到了加西亚手中，完成了常人认为"不可能完成的任务"。罗文的成功给人们许多启示，其重要一条是：只为成功找方法，不为失败找理由！

美国陆军军官学校西点军校以其独特的教育模式、先进的管理方法和高素质的毕业学员闻名于世，并为许多国家的军校所仿效。参观过该军校的人介绍说，西点与美国其他大学有很大的不同，明显的一点，是这里的气氛要严谨得多：男生留平头，女生留短发，着装整齐，举止规矩，没有美国一般大学里那种自由放任的环境，连教学楼里也远比一般大学干净整齐。

西点军校把塑造学员的精神品质放在教育的首位，通过无处无时不在的养成教育，培养学员牢固树立以“责任、荣誉、国家”为核心的军人品格。譬如，该校的学员在遇到军官问话时，一般只有四种回答方式：“报告长官：‘是’”、“报告长官：‘不是’”、“报告长官：不知道”、“报告长官：没有任何借口”。其中，“没有任何借口”，可以说是西点的独创，颇耐人寻味。

“没有任何借口”似乎不近人情，太绝对、太苛刻、不公平，但西点意在让学员明白：无论遇到什么样的环境，都必须学会对自己的一切行为负责。学员在校时只是年轻的军校学生，但是日后肩负的却是神圣的使命。在枪林弹雨的战场上，在生死关头，你还能到哪里去找借口？即便找到了借口又能解决什么问题？“找借口”的弊端在于，自我松懈、自我原谅、自我放弃，把失败、过错、完不成任务，归咎于他人和客观因素，以致把过失掩盖掉，心理上得到自我平衡。长此以往，就会疏于努力，失去战胜困难的信心和勇气。

在日常工作和生活中，“找借口”的现象时有发生。有的人上班经常迟到早退，把家离单位远、路上堵车等作为借口；工作不努力，作风稀拉，不能按时完成任务，把“工作量大、任务重”作为借口；领导交待下来的任务，自己不主动想办法，做自己该做的事，把“不好完成”作为借口，等等。找借口的真正原因，还在于自身不努力。

殊不知，找借口的时间长了，很容易使自己对待生活和工作的态度发生偏差，事业心、责任心弱化，作风纪律松懈，也就很难有所作为。因此，我们要经常告诫自己，不为达不到目标和完不成任务去找什么借口。

原载《解放军报》2004年9月2日第5版

"一天二十五小时"

核心提示：一天24小时，只是天文意义上的一个单纯的数字，而从不同的人对时间的使用角度看，有的大于24小时，有的则小于24小时。学会算、经常算算这个账，人生会增添许多光彩。

美国著名畅销书作家利尔·约瑟就时间算了一笔账：如果我们每天1小时能节约出2分半钟，那么，每天就可节约1小时，因此，1天=25小时。原来，他把1天24小时的常量转换成了变量。深入思考一下，不无道理。

一天24小时，这是自然法则，对每个人来说都是一样的。但按约瑟的时间算法，持不同态度和方式使用时间的人，具有不同的价值，其回报迥然有别。有的人的一天可能要用减法来算，不足24小时；有的人一天则远远大于25小时。同样的岗位，同样的生活，有的人几年下来，硕果累累；而有的人则收获甚微。鲁迅说自己是把别人喝咖啡的时间用在写作上。这可以说是其成为文学巨匠的重要原因之一；爱迪生一生进行了2000多项发明，几乎没有休息日，当他79岁时，自豪地向世人说：自己已135岁了……

可是，在现实生活中，不少人对时间不那么在意。有的“八小时之内”不认真履行职责，精力不集中，闲聊多、私事多，做事没有紧迫感和昂扬的精神状态，不讲工作效率：能一天办的事，办了两三天还没结果；本来协商一下就能办的事，也要研究来研究去；可以打电话口头传达的事，也要发文件，陷入形式主义的无效劳动之中。而时间进入“八小时之外”，便如脱缰野马，随心所欲。上网聊天、看电视没完没了，下棋、打牌、应酬等更是毫无节制。

人的成功有不少在业余时间。据统计，一个人一年的工作时间只占全年时间的1/4，如果把双休日、节假日时间和部分业余时间利用起来学习和研究，到退休的年龄就可挤出相当于10至15年的光阴。这10年，正是曹雪芹创作《红楼梦》所用的时间；这15年，则相当于爱因斯坦研究、创立狭义和广义相对论所用的时间。还有人计算过，一个新兵服役两年，两年之内的双休日、节假日就是228天，如果从休息日每天挤出4个小时学习，两年就是910多小时，若平日每天再从课余时间抽出两小时，两年就是1000多小时，总共1910多个小时。一个在校大专生两年的总课时也不过2800个小时左右，如果用这些时间自学，那么服役两年，近似于2/3时间在校学习。时间的价值，真可谓不算不知道，一算吓一跳。

著名散文家朱自清先生曾对时间的难于把握有过很形象的描述：“洗手的时候，日子从水盆里过去；吃饭的时候，日子从饭碗里过去；默默时，便从凝然的双眼前过去……”在今天知识经济时代，不善于算时间账，不把时间抠紧点，就可能落伍于时代。让我们经常想一想约瑟的时间理念，力争1天＞25小时。

原载《解放军报》2002年12月31日第7版

从写好处方病历做起

核心提示： 细节决定成败。医生书写处方病历相对高超的医术来说，虽是“小儿科”，却折射出医务人员的履责态度、职业修养、法律意识……简言之，它是医务人员综合素质的一个“窗口”。

某医院定期将医务人员不合格处方病历在全院中层以上干部会上“曝光”，让科室主任签字认领。这是一种良好举措。开处方、写病历可谓是为医者的家常便饭，但从实践上看，有的药方让药房、护理人员及患者如看天书，由此拿错方、吃错药的情况并不鲜见，引发医疗事故纠纷也不足为奇。

分析一些同志书写处方病历不够认真的原因大概有三：一是认为医生的职责关键是治好病，写处方病历是无足轻重的雕虫小技，差不多就行了，没必要浪费时间。二是主观上虽懂得写好处方病历的重要性，想把其写好，因为患者多，为争取时间，提高效率，便“狂草”起来。三是平时不大注意，习惯成自然。

医务人员不应忽视开处方、写病历等一些看似平常的工作。因为，要实现医务人员的治疗方案，达到治疗目标，就需要把医嘱和诊断结果准确无误地传递给相关的药房、医护人员以及患者等。如果因字迹不清、难于辨认、过于简单等原因，使治疗中某个环节产生失误，轻者给患者带来痛苦，重则可能危急生命，以致产生医患纠纷。其实，写好处方病历，也是医务人员基本素养如何的一个侧面反映。俗话说文如其人。在医疗工作中，我们不难发现，处方病历写得工整、美观的医务人员，往往给人一种作风严谨的感觉；而字迹潦潦草草、龙飞凤舞的人，也往往给人一种随随便便的印象。

医务人员要认真学习新颁布的《病历书写基本规范(试行)》、《医疗事故处理条例》等有关规定，把开处方、写病历看作是加强职业道德修养的养成过程，从开好每一份处方、写好每一份病历入手，养成精益求精、纤毫勿失、严谨细致的良好作风。

原载《健康报》2002年10月8日第2版

差距感就是动力源

核心提示： 古时一个佛学造诣很深的人，听说某个寺庙有位德高望重的老禅师，便去拜访。但却态度傲慢。老禅师在为其倒水时，明知杯已满却继续倒，喻为“既然很有学问了，干吗还来求教”，象征若想学到更多，先要“倒空杯子”。“空杯心态”并非否定已有的能力成绩，而是以“放空”的态度学习求教。

查找差距和不足，是学习实践科学发展观活动突出实践特色的重要体现。看到差距、承认差距并努力消除差距，就会激发出不断进取的动力。

有的同志自我感觉良好，不觉得自己哪方面有差距。这里面主要是标准问题。用过去的标准衡量，可能会感觉“差不多”，而用科学发展观这把尺子去衡量，就会发现无论是单位建设还是个人工作，都还“差很多”。寻找差距，需要全方位、多角度，用前瞻的眼光、谦虚的心态，在更大的范围、更高的层面进行比较。

有的同志不能客观对待差距。这里面主要是态度问题。差距是一种客观存在，不以人的意志为转移。只有敢于承认差距、正视差距，才能缩短和消除差距。对差距视而不见，本身就是最可怕的差距。这种态度不仅不能消除现有的差距，而且会拉大差距甚至产生新的差距。

差距感可激发危机感。无论对个人还是对单位，时时感受到差距、意识到差距，就会产生忧患意识和危机感。有了这种危机感，就不会陶醉于过去的成绩和荣誉，滋长“小富即安”的自满情绪，而能够虚心向“对手”学习，向“追兵”学习，向更新、更高的目标发起冲击。因此，越是形势好，越要看到自身的差距；越是赞誉多，越要认清自身的弱项。微软公司员工因为有“离破产只有18个月”的危机感，所以不敢有丝毫的懈怠，始终保持清醒的头脑。

差距感可催生紧迫感。鲁迅先生说：“不满是向上的车轮。”差距感会让我们坐立不安、寝食不安，会让我们惜时如金、只争朝夕。发展如逆水行舟，不进则退；不发展是落后，慢发展也是落后。如果不思进取，总是“等等看”、“慢慢来”，那么，就可能被时代的脚步甩在后面。

差距感可增强责任感。差距意味着奋斗未有穷期，意味着有未履之职、未尽之责。这种责无旁贷、义不容辞的责任感，是干事创业的基础。一些基础较差的单位之所以能打翻身仗，很重要的一点是因为官兵有不甘人后、积极赶超的信心，有吃苦耐劳、敢想敢干的勇气。官兵岗位有不同，职务有高低，但都有属于自己的那份责任，都应该为单位建设贡献自己的力量。

原载《解放军报》2009年4月14日第5版

谨防精神上的“亚健康状态”

核心提示： 医学界提出的关于健康的新概念——亚健康状态，准确描述了介于健康与疾病之间的一种状态。这种状态向人们发出警示：状态不佳，疾病已经临近，必须做出相应调理。精神上的“亚健康状态”，也与生理上的“亚健康状态”相类似，如不注意调理，也会偏离人生追求的理想境界。

近年来，医学界提出一种关于健康的新概念——亚健康状态，其含义是指介乎健康与疾病之间的一种状态。虚弱，是其重要内容之一。从现象上看，人的身体虽无确切疾病，但活力下降，生理功能衰退。因此，也有人称之为

“灰色状态”、“疾病前状态”等等。这种新概念的提出，对人体健康的描述更加科学、准确。

由人们生理上的这种“亚健康状态”，想到时下有些党员干部甚至领导干部精神上的“亚健康状态”，其明显特征是精神上的“虚弱”。比如：精神状态不佳，年纪轻轻，暮气沉沉；工作得过且过，只求过得去，不求过得硬；遇到矛盾绕道走，怕麻烦、怕惹事、怕得罪人；大事做不来，小事不愿做，不安心本职工作；办事不讲效率，丢三落四，拖拖拉拉，作风散漫；精力不集中，闲事多、私事多，等等。

造成这种精神上的“亚健康状态”，主客观原因都有。从主观方面讲，主要是理想信念淡化，人生观价值观偏移，革命意志衰退，思想道德修养欠缺。有的人在一个岗位上任职时间长了，慢慢就失去了当初任职时那种强烈的进取精神；有的发展受限，晋职晋级希望不大或已近退休年龄，就认为“船到码头车到站”，劲头不足了；有的认为事业是党的，身体是自己的，凡事干得差不多就行了，何必那么累？当然，除主观原因之外，客观因素影响也不容忽视。有的单位缺乏争先创优、奖勤罚懒的激励机制，先进不香，后进不臭；有的单位没有形成用人上的正确导向，甚至存在用人上的不正之风，伤害了有能力、兢兢业业干工作的同志。

生理上的“亚健康状态”，人们大都能意识到其危害性，比较自觉地及时加以调理，所以通常会逐步向健康状态转化。而精神上的“亚健康状态”，因为很多人并没有把它视为一种潜在的“病态”，往往采取任其自然的态度，如此不注意调理和矫正，很容易转化为思想上的毛病，最终会给党的事业和个人成长造成危害。

防止和克服精神上的“亚健康状态”，应当有一种危机意识。一个人在工作岗位上的时间总是有限的，如不奋发努力，有所作为，时光就会白白流逝，一旦离开工作岗位，难免会留下“少年不努力，老大徒伤悲”的遗憾。据比利时一家媒体对该国60岁以上老人的问卷调查，在“你最后悔的是什么”项目之下，列出了十几项生活中容易后悔的事，供被调查者选择。结果有72%的人后悔年轻时努力不够，以至事业无成。因此，每一个同志都应该有一种时不我待的紧迫感，振奋精神，把工作当事业干，做到不叫一日闲过。当然，各级党组织和领导也应该努力创造让官兵竞相干事业、作贡献的良好环境，让那些投机取巧、混日子的南郭先生们失去生存的市场，真正确立“无功便是过”的思想，给那些愿干事、能干事的人营造建功立业的广阔舞台和良好氛围。

原载《解放军报》2004年11月9日第7版

做传承优良传统的表率

核心提示：做表率，就是以身作则。欲胜人者，必先自胜；欲论人者，必先自论；欲知人者，必先自知。领导干部倡导什么，身体力行什么，本身就是一个巨大的磁场，对周围群众产生巨大的影响力、感召力和凝聚力。

江泽民同志在9月份召开的军委扩大会议上语重心长地指出："全军官兵要始终珍惜我军的光荣历史，继承和发扬我军的革命精神和革命作风，身体力行地把我军的光荣传统和优良作风一代一代传下去。"认真落实江泽民同志的嘱咐，领导干部肩负着重要的责任和使命。

翻开我军历史可以看到，我们这支人民军队从小到大，由弱到强，形成了许多宝贵的优良传统。在这些优良传统的形成、发展过程中，各级领导干部起到了良好的表率作用。当年，毛泽东同志亲自制定了体现人民军队性质和宗旨的“三大纪律八项注意”，根据“三大纪律八项注意”编写的歌曲，毛泽东同志曾要求全党、全军人人会唱，并照着去做，树立了我军文明之师、威武之师的良好形象；朱德总司令始终保持劳动人民的本色，功高而不居，“朴素浑如田舍翁”；周恩来同志亲自参加军民大生产运动，被评为“纺线能手”……领导干部身先士卒，既当倡导者、引路人，又当实践者、排头兵，影响和带动了广大官兵，使我军优良传统代代相传，不断发扬光大。

新的形势和任务，对领导干部带头传承优良传统提出了新的更高的要求。毋庸讳言，有的领导干部对传承优良传统存在一些认识误区。有的认为，传承优良传统与教育训练等中心工作相比是“软指标”，抓与不抓、抓多抓少不容易量化。尤其是在部队工作头绪多、时间紧、任务重的情况下，对传承优良传统有时间就抓抓，没时间就弃之一旁。诚然，把教育训练摆在中心位置抓紧抓好是必需的，但部队全面建设并不是仅仅抓教育训练就行了。如果忽视优良传统的传承，优良传统就会被人为淡化，使部队全面建设受影响。实践证明，优良传统对部队各项建设有着巨大的促进作用，并未游离于中心工作。领导干部应该把传承优良传统当作“分内事”、“硬任务”列入工作日程，与教育训练一样高度重视，与完成各项任务搞好结合，坚持一起部署，一起落实，一起考核，一起总结。

还有的同志把讲传统与“老一套”、“旧观念”画等号，担心讲传统多了，会给自己带来思想僵化、缺少招数、缺乏创新等名声，因而不敢理直气壮地弘扬优良传统。这种认识也是偏颇的。优良传统是经过实践检验、符合部队建设规律、甚至是用血的代价换来的传家法宝。尽管时代不同了、环境变化了、社会进步了，但优良传统的精神并未过时，有些已经成为我军的根本建军原则。比如，党对军队的绝对领导、全心全意为人民服务的宗旨、艰苦奋斗的政治本色、强有力的政治思想工作等等，都必须坚持不懈地继承和发扬，这与思想保守、因循守旧不能相提并论。当然，随着时代的发展，优良传统也应该不断丰富和发展，需要坚持继承与发展、弘扬优良传统与改革创新的辩证统一，以便不断为优良传统赋予新的时代内涵。

做传承优良传统的表率，需要具有奉献精神和牺牲品质，需要具有弘扬正气、坚持原则、不怕得罪人的胆识与魄力。有的领导干部担心个人利益受损失，对传承优良传统心有余悸，底气不足。也有人认为，传承优良传统，领导干部主要是“讲”，基层官兵主要靠“做”。言外之意，领导只要尽好号召、倡导之责就行了。因此，重说教，轻示范，把自己划出“圈外”，当场外“裁判”，只吹哨，不上场，以至台上讲的与台下做的相脱离。长此以往，不但传承优良传统会成为一句空话，自己在官兵心目中也会失去可信度、号召力。领导干部只有言行一致，表里如一，在弘扬优良传统上敢说“看我的”、“跟我上”，才能真正带动部队传承优良传统。

原载《解放军报》2004年12月28日第7版

注意克服“性格弱项”

核心提示：一位哲人说过，人的思想是万物之因。播下一种观念就收获一种行为，播下一种行为就收获一种习惯，播下一种习惯就收获一种性格，播下一种性格就收获一种命运。注重良好性格的修炼，克服性格方面的“欠缺”，就会书写靓丽的人生。

大千世界，人性各异。有的开朗乐观、豁达大方，有的果断、泼辣、利索，有的主观武断、好胜，有的犹豫不决、优柔寡断，有的柔弱、文静、羞怯。这些不同特点都反映了人的性格的差异。

心理学认为，人的性格有积极的一面，也有消极的一面。良好的性格，有利于身心健康、工作生活和成长进步，而不良性格或性格缺陷，则给身心健康、工作生活和成长进步带来不利影响。特别是随着社会竞争加剧，生活节奏加快，各种利益调整和观念碰撞，工作生活等各种矛盾增多，导致心理压力增大，性格消极一面的影响也随之增大。

心理学认为，性格的塑造与形成，与个人的学习修养、理想追求、实践磨炼、环境熏陶以及社会影响是分不开的。新《政工条例》把心理疏导列为经常性思想政治工作的重要内容，对搞好心理教育和心理疏导工作提出了更高的标准和要求。因此，各级领导要把塑造官兵的良好性格，作为提高官兵综合素质，提高部队凝聚力、战斗力的重要组成部分，把影响性格形成的心理知识专题教育与经常性思想政治工作、军事训练、环境熏陶、个别指导，以及个人养成等有机结合起来。在心理知识教育中，使每个军人都明确良好性格的标准和条件，并自觉地按照这些标准和条件规范自己的行为；在政治思想教育中，有针对性引导官兵树立远大理想和正确的世界观、人生观，培养积极向上的思想态度和情感；在军事训练中，有针对性地创造磨炼官兵性格的环境，进行心理承受能力、应急反应能力、吃苦耐劳能力、抵抗挫折能力等训练，培养勇敢顽强、灵活机智的意志品质；在日常生活中，针对每个官兵的“性格弱项”，对症下药，搞好引导；在舆论导向上，树正风，扬正气，抵歪风，压邪气，营造塑造良好性格的氛围。当然，外因还要靠内因才能起作用，关键还是靠官兵的自我修养和完善。从思想上重视性格的养成，提高自我认知能力，了解心理障碍的评估方法，重视自己的不良感受和不适应行为，把握自己的性格特点尤其是“性格弱项”，有意识地加以克服矫正，如具有“A”型性格特点的人，注意减少工作生活压力和紧张情绪，多参加文体活动；而敏感多疑、嫉妒性较强的，遇事多“换位思考”，多看自身不足，多理解他人，就会减少烦恼。这样，就能不断提高自我管理和自我控制能力，从而逐步塑造良好的性格品质。

原载《解放军总医院报》2004年11月8日第4版

勤奋是一种力量

核心提示： 发明家爱迪生说，天才就是98%的汗水加2%的灵感。文学家说勤奋是文学殿堂之门的一把钥匙，科学家说勤奋能使人聪慧，政治家说勤奋是实现理想的基石……“业精于勤而荒于嬉”。勤奋不仅表现为身体力行，更是一种精神力量的展示，一种追求卓越、发愤图强的良好状态。

第二炮兵某基地原司令员杨业功的事迹感人至深，催人奋进。为了履行好新时期的历史使命，为加快部队发展建设。他像一个不知疲倦的人，殚精竭虑，争分夺秒，夜以继日，每天都工作在16小时以上。他作为一名正军职高级领导干部，经常亲临基层一线，勘察地形，靠前指挥，调查研究，每年蹲在基层的时间都在100天以上。为了争取时间，他经常顾不上休息。从一个单位到另一个单位，从一个阵地到另一个阵地，栉风沐雨，披星戴月，风餐露宿，食不甘味，由于不顾疲劳地奔波，好几次都累得差点晕倒在路上……

从杨司令员的身上，我们可以深切感受到：勤奋不仅是一种责任，一种品格，更是一种力量。他的先进事迹和高贵品质，既体现了一位高级领导干部的伟大人格魅力，也是鼓舞后人、激励后人的巨大精神力量。

人是要有点精神的。这种精神，就是像杨司令员那样，为党和人民的事业埋头苦干、奋发进取、争创一流、追求卓越的冲天干劲。有了这种干劲，才能使事业兴旺发达，才能有所作为，才能创出非凡的业绩。

但是，毋庸讳言，在有些单位，有少数同志还存在精神状态与时代发展不够合拍，与所承担的责任不相适应的问题。有的缺乏为党的事业“寝食不安、夜以继日”的责任感、使命感，主要心思没有用在工作上，在岗不敬业，在职不尽责，工作节奏缓慢，标准不高，只求过得去，不求过得硬；有的淡忘了全心全意为人民服务的宗旨，只讲索取、不愿奉献，只图享受、不想吃苦，只要待遇，不负责任，工作生活条件苦一点、累一些，就发牢骚，讲怪话，情绪满腹；有的贪图虚名，空喊口号，坐而论道，不能扑下身子真抓实干；有的把许多精力用在潇洒、玩乐、休闲上，不务正业，不求进取，宁愿参加交往应酬，不愿参加工作学习；有的甚至追求低级趣味，萎靡不振，等等。这种精神状态，显然是与时代的发展要求不合时宜，相去甚远的。

一个人对待工作和事业，采取什么样的态度，说到底是世界观、人生观、价值观的问题。不同的人生追求，不同的思想境界，不同的价值取向，就会产生不同的精神状态。如果把工作当作负担、副业，靠压力干工作，就难以有所作为；把工作当作谋生的职业，凭良心干工作，就不可能有高标准；只有把工作当作事业干，才能全身心投入，充满激情，执著追求，有不竭的前进动力。一个具有崇高理想追求的人，必然把个人的一切与国家的前途、民族的命运、人民的利益紧密地联系在一起，在为远大目标的不懈追求中体味人生的乐趣，在为宏伟事业的不断奉献中实现人生的价值。我们党曾创造的“井冈山精神”、“长征精神”、“南泥湾精神”、“延安精神”、“‘两弹一星’精神”、“抗洪精神”、“载人航天精神”等，都是广大党员干部带领群众，在不同历史时艰苦奋斗伟大实践的结晶。

“忧劳可以兴国，逸豫可以亡身”，“盛年不重来，一日难再晨。及时当勉励，岁月不待人。”当前，我院正面临着加快发展建设的难得历史机遇，医院各项建设充满生机和活力，呈现日新月异的良好局面，每名党员干部都应经常审视一下自己，精神状态对不对头，适合不适合新形势的发展需要；工作热心不热心，尽没尽力，还有哪些差距、不足；做到常思党员之责，常寻创新之策，常除懒惰之心；把心思凝聚到本职岗位上，把精力集中到履行职能上，把工作落实到创新发展上，以宽阔的胸怀、前瞻的眼光、勤奋的精神，努力创造出无愧于时代、无愧于历史、无愧于人民、无愧于军队使命的一流工作业绩。

原载《解放军总医院报》2005年9月22日第3版

“就几下子”与“有几下子”

核心提示：一个人的知识能力需要不断更新、汲养，才能愈加丰富，向前迈进；一个人的工作方法也需要不断调整、变招，才能富有新意，应变自如，提升层次和质量。那种像程咬金一样只会“三板斧”的做法，不仅让人乏味，而且极易被人破招。

隋唐时期有一将领叫程咬金，此人最大的长处是“三板斧”凶猛，常把敌人杀得魂飞魄散。但他的弱点也是这“三板斧”，三招战胜不了对方，就会败下阵来。他一辈子就这么“几下子”，始终没有什么长进。

由此，想到一些领导和机关抓基层，有的也像程咬金那样“就几下子”，几招过后就没有什么好办法了。主要表现有：一是照抄照搬。上级来了文件，改头换面也发个文件下去；上面开个会，也比照着开一个。对上级的指示精神不是认真研究，而是当中转站。二是凭经验办事。如调动官兵工作积极性，或靠奖励，或靠许诺，除此没有别的办法。三是靠命令办事。有些领导对部下的口气常常是：“不按时完成任务就别来见我。”如果下面的同志强调点客观原因，就说：“是上面听下面的，还是下面听上面的？”不给下级讲话的余地。

有的干部抓工作就那么几下子，很大程度上是水平有限，遇到问题不善于从根本上分析把握，因而缺乏应变能力。还有的是对工作不上心，不愿意多动脑子，加上对下面的情况不熟悉，处理问题自然也就找不到好的对策。抓工作和打仗一样，仅凭“几下子”是远远不够的，一方面情况总在不断地变化，老办法难以解决新问题，另一方面工作总是老套路也容易让人破招，知道你这人抓工作怎么个抓法，一下就把你对付过去了，结果问题依旧。

工作中人们最佩服的人是“有几下子”。所谓“有几下子”，就是看问题能看到根本，处理问题方法灵活多样，解决问题总是做到卓有成效。比如一些基层带兵模范，从战士起床、吃饭等细微的动作上都能发现思想问题，并能有办法处理好。这些能力从何而来？首先来自于对工作的责任心。爱岗敬业的人肯下功夫钻研本职工作，能从中找到规律，工作起来就会游刃有余。再就是肯学习，理论基础比较扎实，对上级的指示精神比较熟悉，对新形势下人们的思想状况把握得比较准确，工作就能做到点子上。总之，在当前社会转型期，部队建设对干部的工作能力提出了更高的标准和要求，要把基层建设搞好，每个领导干部都应当“有几下子”，而不能“就几下子”。

原载《解放军报》1999年11月2日第7版

由粟裕让官想到的

核心提示： 作为我军优秀的高级指挥员，杰出的军事家粟裕同志以党的利益为重，功成不居，在革命战争年代曾两次让官，显示了一名共产党员的高贵品质。孙中山先生说得好，要立志做大事，不要立志做大官。毛泽东同志也曾经讲过，共产党不是要做官，而是要革命。邓小平同志在第三次复出时曾说，我出来工作，可以有两各种态度，一个是做官，一个是做点工作。我想，谁叫你当共产党人呢？既然当了，就不能够做官，不能够有私心杂念，不能够有别的选择。这些都给我们以深刻启迪。

报载：在革命战争年代驰骋疆场、屡立战功的粟裕同志，曾给我们留下两次“让官”的美谈。

一次是1945年底，他成功地指挥了著名的天目山三次反顽战役之后，中央决定任命他为华中军区司令员。他得知后再三推辞，恳切请求让“德高望重的前辈”张鼎丞任司令员，自己任副职。中央见他情真意切，终于同意了他的请求。

第二次是1948年春，他任华东野战军副司令员，在与陈毅一起指挥的华东战场捷报频传之时，中央调陈毅到中原军区工作，任命他接任华东野战军司令员兼政委。他又恳请中央留任陈老总，自己仍任副职。结果，中央只好给他加了一个“代”字，改任他为华东野战军代司令员兼代政委。

读罢此文，心中油然升起一种对粟裕同志的敬慕之情。明知要升官，为什么还要拱手让人呢？按理说，“胜仗一个接着一个”，足见其指挥才能不低，升职无可厚非。可他却首先想到的是别人，工作挑重的，职位上则甘当“配角”。

联想到现实生活，颇有几分困惑：其一，有的人为显示“政绩”，作表面文章，搞花架子，弄虚作假，目的是为了出名挂号，以求官位的晋升。其二，更有一种人，耐不住性子，干脆主动出击，直截了当地跑官要官。到处拉关系，走后门，请客送礼去打通“官路”。明眼人一看便知，“曲线要官”也好，“直接伸手”也罢，二者都是一个“私”字使然。这与粟裕同志的人格风范相比，相差何止十万八千里！

本来，用谁不用谁的问题，那是组织上考虑的事，用不着自己去操心。操心不该操心的事，就要分散精力，耽误正经事。再者说，正经事做不好，费尽心思去要不属于自己的所谓“权”、“位”，恐怕得手之时，也是威信、人格扫地之日。想让群众心服口服地跟你干，也难。到那时自己心里恐怕也不是滋味。

当然，要让跑的要的失去“市场”，死了这条心，还得从“进货渠道”上把住关口。比如少用伯乐“相马”，多设赛场“跑马”。“是骡子是马拉出来遛遛”，良驹劣马便见分晓。有想打鬼主意、钻空子的便无路可走。

还是北宋大文学家苏轼看得透彻：“天地之间，物各有主。苟非吾之所有，虽一毫而莫取。”须知藤萝爬得再高，终究成不了大材。一个人还是要多在琢磨正经事上用心思、下工夫，凭真本事吃饭，老老实实做事，堂堂正正做人，才能活得坦然，问心无愧。

原载《解放军报》1995年5月29日第6版

文明执勤好

——执勤里面有学问，在公共场所更应讲执勤的艺术。

人们都还记得，中央电视台曾播过一个优秀小品《纠察》。其中那个英武的值勤战士，既严肃认真，又以理服人，使一个长发披肩、没戴军帽的女军人心悦诚服地认错改错。如此文明执勤，从一个侧面展示了人民战士的精神风貌，令人感到可敬可亲。

纠察军容风纪，是落实条令条例的一项重要工作。担负这项工作的执勤战士，其言行举止本身就是军人形象以及我军精神文明建设的一种展示。因此，做好这项工作，一定要注重自身形象，堪为表率。同时要以严肃而真诚的态度对待被纠察者，既坚决照章办事，又讲究方式方法，以礼待人。以理服人，被纠察者也应当主动检点自己，虚心接受批评。纠察者和被纠察者都能严格要求自己，人民军队的文明风貌就能进一步展现在公众面前。

原载《解放军报》1995年4月1日第1版

由李素芝的“不满足”想到的

核心提示：近年来，“幸福指数”成为我国学术界和百姓的一个热门话题。人们对幸福的追求目标越来越高，但事实告诉我们，并非生活水平提高了，人们的幸福感随之就强了。一份调查报告显示，中国经济最为发达的北京、上海、深圳、浙江等省市幸福指数最低。有位哲人说得好：“一个人的快乐，不是因为他得到的多，而是因为他计较得少。”从李素芝对艰苦的“不满足”中可体味一下人生的幸福快乐从哪里来！

西藏军区总医院院长李素芝，扎根雪域高原28年赤诚奉献的事迹，感人至深，催人泪下。报告会上，李素芝妻子郭淑琴一带而过地提到三个字，颇令人深思。那是组织上同意李素芝从上海调入西藏的请求，把他分配到工作生活条件比上海不知要差多少的驻藏边防某团卫生队，当时李素芝不但没有怕苦，还觉得“不满足”，要到官兵迫切需要的更艰苦的地方去。

“不满足”，这是李素芝心系基层官兵和无私奉献崇高思想境界的真实写照。由此想到时下一些同志在分配工作、提职晋级、生活待遇等面前，正好相反的“不满足”：只想组织照顾，不想组织纪律；只想索取，不想奉献；只想为自己，不想为他人。有的嫌在一个职务任职时间长了，调职晋级慢了；有的怨组织调整的岗位不重要，大材小用了；有的嫌办公生活条件不好，影响工作情绪了；有的直接伸手要职务、要待遇，千方百计往条件好的地方挤，等等，好像组织和他人欠了自己多少账，个人受了多大委屈。在个人生活上，不是比思想觉悟，比工作质量，比贡献大小，而是比职位高低，比待遇好坏，比环境优劣，比享受多少。带着这种心态和境界去比，越比心里越不平衡，越比越没劲头，越比越委屈，其精神状态、工作质量、能力素质也就可想而知。

为什么李素芝“缺氧不缺精神”，明明知道苦，却不怕苦，还“不满足”呢？有位哲人说得好：“一个人的快乐，不是因为他得到的多，而是因为他计较得少。”李素芝总是觉得还有比他更苦的，还有比他更需要帮助的，他想到长年累月巡守在边防线上的战友，不但战胜了高原反应，以至立下誓言：“要把生命的价值书写在生命的禁区，书写在地球之巅。”正是这样比，这种“不满足”，使他艰苦创业，刻苦攻关，创造了在海拔4000多米的高原上，成功实施开颅手术、体外循环心脏手术等人间奇迹，取得了10多项国际医学领域先进水平的科研成果。

应该说，希望个人生活工作条件不断改善，日子越过越好，这是正当合理的需求，无可厚非。但是，好的生活工作条件不是凭空而来的，需要为之奋斗，为之奉献，以至为之牺牲。如果人人都挑肥拣瘦，都不做出一些牺牲奉献，那生活工作条件的改善也就成了一句空话。没有革命先烈的牺牲奉献、抛头颅洒热血，就没有今天的幸福生活；没有像李素芝这样甘愿牺牲奉献的楷模人物，就没有我们今天事业的兴旺发达。因此，我们都应以李素芝的“不满足”为镜，经常照照自己，多想想集体和他人，永远保持良好心态。

原载《解放军报》2005年4月13日第7版

名节源于党性

二谈培育党员领导干部道德凝聚力

核心提示： 名节是反映党员领导干部内在精神世界和道德水准一面镜子。中华民族自古就有“名节重于泰山”、“玉碎不改其白，竹焚不毁其节”、“苟利国家生死以，岂因祸福避趋之”的传统美德。重名节与保持党的先进性是相融的，与坚持立党为公、执政为民的宗旨是一致的。应像郑培民那样告诫自己“对身外之物要铁石心肠”，在各种诱惑和考验面前，始终做到“灯红酒绿不迷眼，不义之财不伸手”。

名节，即名誉、气节、操守，是反映党员领导干部内在精神世界和道德水准的一面镜子，是构筑党性修养、人格力量和群众威望的重要因素。“官德正，则民风淳；官德毁，则民风降。”党员领导干部的品德修养在群众中有着重要的影响力。如果品行不端，情趣低下，就会损害党的威信，败坏社会风气，在群众中造成负面影响。特别是在当今社会各种不良影响和诱惑增多的情况下，构筑党员领导干部道德操守的坚强防线，显得尤为重要。

中华民族自古就有着“名节重于泰山”的传统和“玉碎不改其白，竹焚不毁其节”的美德。从贾谊的“国尔忘家、公尔忘私”到司马光的“专利国家而不为身谋”，从范仲淹的“先天下之忧而忧，后天下之乐而乐”到林则徐的，无不闪耀着中华民族“重名节、轻利欲”传统美德的光辉。中国共产党人大力弘扬中华民族的优良传统，在长期的革命和建设实践中，不断升华和丰富其内涵，对党员尤其是领导干部提出了更高的道德要求。我们党是中国工人阶级的先锋队，同时是中国人民和中华民族的先锋队。党的性质和宗旨决定了党员领导干部必须把清清白白为官、堂堂正正做事、干干净净做人作为立身之基，始终做到立党为公、执政为民，甘于奉献、不计得失，全心全意地为人民谋利益。要求党员领导干部具有崇高的理想追求，坚定的政治信念，先进的思想觉悟，坚强的组织观念，必备的科学文化知识和高尚的道德情操，成为建设中国特色社会主义的中坚、民族的先锋和时代的楷模。

共产党员的名节，从根本上讲来自坚强的党性。对于我们共产党人来说，重名节与保持党的先进性是一致的，与坚持立党为公、执政为民的宗旨是一致的。共产党人重名节，不是为了博取个人的名誉，而是为了实现、维护和发展最广大人民的利益。党性是名节的基础和动力源泉，名节是党性的外在表现。一名党员领导干部品行好不好，信念坚定不坚定，宗旨意识强不强，都取决于是否具有坚强的党性。革命先烈李大钊、方志敏、夏明翰等之所以在生与死的考验面前威武不屈、视死如归、坚贞不渝、矢志不移，就是来自于他们的“决不能动摇共产主义信仰”。焦裕禄、雷锋、王进喜等社会主义建设时期模范共产党员，以及新时期涌现的孔繁森、郑培民、牛玉儒、杨业功等一大批党员领导干部的楷模，无不具有忠诚于党、服务人民、无私奉献的理想追求。有坚强的党性，才能牢记党的宗旨，忠诚党的事业，维护党的威信和形象，以谨慎之心对待权力、以淡泊之心对待名利、以警惕之心对待诱惑，摆脱名缰利锁的羁绊，始终保持共产党员的蓬勃朝气、昂扬锐气和浩然正气，树立可信、可靠、可敬、可亲的良好形象。

改革开放以来，受社会生活方式、思想观念、价值取向等多样化的影响，有的同志自觉不自觉地把道德节操当成小问题，更有甚者，把不讲道德、不按规矩办事者视为“能人”，把遵守法规看作“不会办事”、“迂腐”、“傻帽”，不讲原则讲关系，不看制度看来头。许多事实表明，一些领导干部蜕化变质，一步步坠入违法乱纪的深渊，往往就是从道德水准滑坡开始的。对党员领导干部来说，名节问题不小，它的里面有政治、有形象、有人格。一个在名节问题上过不了关的党员领导干部，也很难在政治大节上过得硬。名节连着党的生命，关乎党的凝聚力、号召力和战斗力，须臾不可小视。

高尚的修养、坚强的党性不是与生俱来的，而是需要长期不断地刻苦学习和实践锤炼。讲党性、重名节，就要在个人利益与名节发生矛盾时，把名节放在第一位，不因贪图名利而违背原则，不因追求私欲而失去操守。党员领导干部只有自觉地按照党员标准、责任和义务来检查审视自身言行，像郑培民那样时时告诫自己“对身外之物要铁石心肠”，在各种诱惑和考验面前，始终做到“灯红酒绿不迷眼，不义之财不伸手”，通过学习和实践，磨砺品格意志，自重、自省、自警、自励，才能做到“富贵不能淫，贫贱不能移，威武不能屈”，在民族危亡之时以大义为重，舍生忘死；在身处逆境之时克服困难，勇往直前；在面对诱惑之时淡然处之，一尘不染，从而在群众中形成党员领导干部的强大道德凝聚力。

原载《解放军报》2008年10月17日第6版

反对官僚主义、形式主义作风

核心提示： 官僚主义和形式主义是影响部队发展建设的一颗“毒瘤”。二者是一对“双胞胎”。你中有我，我中有你。官僚主义导致形式主义，形式主义助长官僚主义。防止和克服官僚主义、形式主义，树立领导机关优良的工作作风，必须深挖其滋生的根源，认清其严重危害，采取有效的措施。

我们以反对官僚主义、形式主义为主题进行的作风纪律教育整顿，特别是剖析反面教材，从中汲取教训，具有十分重要的意义。某部的这起事故，从现象上看，好像是偶然的，但从本质上分析，还是各级领导和机关工作不实，作风漂浮，存在官僚主义、形式主义所致。

就是说，只要搞官僚主义、形式主义，问题、事故迟早会出。今天不出，明天也会出；明天不出，后天也会出。这就是搞官僚主义、形式主义的必然结果。

官僚主义、形式主义，在不同类型的单位、不同层次的领导和机关以及不同的人当中表现不尽一致，大小不同，轻重不一。但共同的根源，都归结为大大小小的官僚主义、形式主义。从发生官僚主义、形式主义的具体情况分析来看，至少有以下五种原因：

一是来自上面的官僚主义，使下面受到比较大的影响，也不得不贯彻执行导致的。正像有的同志说的，有些官僚主义是上面逼出来的。“楚王好细腰，宫中多饿死”“上有所好，下必甚焉”。近年来，会多、文电多、讲话多、应酬多、工作组多等等，就是与有的领导机关好大喜功，好作表面文章有关。有的把过程当落实、当结果，把基层开没开会，当成重视不重视、落实没落实的一个检查考核标准；有的单位贯彻上级指示，仅仅停留在大家一个一个表态的层次上，说空话、大话，实际上都是废话；有的会议刚开完，还没进入落实阶段，就要求报情况，反映经验，违背了客观规律，使工作浮在表层上，一级糊弄一级。

二是来自自身能力素质方面的，包括思想素质和业务素质。思想素质主要是工作的指导思想不端正，有的不是为了单位的长远发展建设，不是更好地为基层服务，取得真正实效，而是为了出名挂号，为了显示所谓的政绩，出花花点子，搞一些所谓的“形象工程”。像有的单位不顾基层承受能力和是否符合实际，兴师动众，给基层增加许多负担，并不是基层真正需要的。素质方面，还有就是因不懂政策、业务，搞瞎指挥和蛮干，造成的官僚主义。发生问题的那个仓库领导就不懂业务，这就像让不懂指挥的人指挥打仗一样，肯定要打败仗，也难怪不出事故。也有的领导机关党性观念、工作作风还说得过去，工作也很卖力、很辛苦，但因领导方法、工作方法不对头，造成工作质量不高，甚至出纰漏，好心办坏事也是素质问题。

三是来自责任心不强，不认真履行职责，工作马虎、粗心大意造成的。没有把上级和领导的指示、群众的呼声当回事，政治敏感性不强导致的。据媒体报道，去年1月，重庆綦江彩虹桥倒塌事故就值得引起反思。早在1995年施工时，就有一位干过44年焊接的綦江齿轮厂退休工人，好几次到县委、县政委反映情况，可领导听不进去，结果使近40多条生命成了官僚主义的牺牲品。某部事故也有类似的情况。上级下发的文件，机关既不向上报告，也不向下传达和组织抓落实。而是把文件锁在抽屉里，没有很好履行职责，岂有不出事之理。

四是来自用人不公，导向错误方面的。没有一个干事业的环境，干与不干一个样，干好干坏一个样，甚至干的不如不干的。有的吹吹嘘嘘，没有真才实学；有的心思不在工作上，跑官要官。而这些素质能力差的人，有的还能得到重用，那些扎扎实实、埋头苦干的人不吃香、受冷落，挫伤了大家干事业的积极性。

五是来自机制体制方面不顺畅、不科学方面的。机关多、层次多，缺乏有效协调控制，政出多门，使基层疲于应付，正常的教育训练受到干扰，难于落实。

上述一些问题，有的是单一的，有的是几种情况综合产生的。正像大家所说的，官僚主义和形式主义你中有我，我中有你，二者是一对“双胞胎”，官僚主义导致形式主义，形式主义助长官僚主义。可以说他们是影响部队发展建设的毒瘤，不尽快铲除，后患无穷。

防止和克服官僚主义、形式主义，应当在树立“五个观念”上下狠功夫：

一要树立不断学习提高自身素质的观念。现在知识更新速度很快，10年前在学校学的知识，现在有一多半可能都用不上了。有的人刚从学校毕业，就有三分之一的知识显得比较陈旧了。这就是日新月异的时代。作为政工干部，要想有所作为，就要克服凭老经验办事和吃“老本”的思想。不断吸取知识的营养，这样视野宽阔了，才能站在比较高的层次上、比较科学看问题、思考问题。在学习内容上，除从事政治工作本身的政策、上级的指示规定等业务知识外，还要学习与工作有关的其他学科，像马克思主义理论、心理学、教育学、管理学、历史知识、法律常识、外语、计算机、高科技知识等等，作为政工干部都应该关注和学习，不断提高理论思维层次，提高做好本职工作的本领。在学习对象上，除向书本学习外，很重要一点是，向领导和同志们学习，取人之长，补己之短。这是书本上学不到的东西，但是很重要。

二要树立对上负责与对下负责的观念。做到既完成好上级交给的任务，又要符合基层的需要，努力寻找二者的结合点；把党的政策、上级领导的指示意图贯彻好，同时又符合群众心愿，做好群众工作，把二者有机统一起来、一致起来。比如，工作经验通过扎实的实际工作产生，既出经验，又推动了工作，这是正确的途径。而工作做不来，没有真东西，靠笔下生花，靠东抄西拼出所谓的研讨文章，人家不信，也没人看。顾此失彼，都是素质不高的表现。

三要树立无功便是过的观念。工作如逆水行舟，不进则退，不能当守摊子干部。凡事不能都等领导布置，等领导出主意，让领导出思路，要努力把上级指示与本单位实际相结合，创造性地开展工作。尤其是实行面对面领导单位，这里既包含决策、监督和具体指导，又包含执行、管理和具体实施，是决策与执行的统一。工作方式上，不能停留在一般号召和原则领导上，而要善于变一般为个别，化原则为具体，不能只当“传声筒”。

四要树立为基层服务的观念。我们抓工作的对象，就是基层，了解熟悉基层情况，是做思想工作、制定各项政策的基础。没有这个，就难免出现开错药方，吃错药现象。有时也觉得成天与基层生活在一起，情况大体都知道；下基层多了容易给基层添麻烦；有的靠看第二手材料了解基层，从材料到材料。这种思想和做法时间长了是要不得的。只有真正深入下去，同基层打成一片，才能掌握实情，真正尝到梨子的滋味，为基层服务才能做到点子上，更有针对性。

五要树立正确对待个人利益的观念。按照马克思主义的物质利益原则，人应当承认物质利益，在正常的情况下，索取正当的利益无可厚非。但是作为军人，党员干部来说，应当有更高的标准，应当把个人利益看得轻一些，目光更远大一些。做到视名利淡如水，视事业重如山，特别是不要横攀竖比，经得起社会上不正之风的诱惑和影响，远离浮躁和浅薄，摆脱个人利益的缠绕，把心思和精力用在干好工作上，努力不辜负领导的信任和希望，团结全科人员和其他同志把工作做得更加扎实有效，摈弃官僚主义、形式主义的影响。

2000年10月18日作风纪律教育整顿的发言提纲

要有坐“冷板凳”的精神

核心提示：近年来“浮躁”一词颇为流行。也许是现代社会的快节奏、高压力以及众多的诱惑，使人按捺不住驿动的心，似乎少了耐心，多了急躁；少了冷静，多了盲目；少了脚踏实地，多了急于求成。浮躁使人随波逐流、盲目行动，失去对自我的准确定位，失去潜心钻研做事的心态。然而，无数实践证明，凡成事者，必须脚踏实地，守得住清贫，经得起孤独，耐得住寂寞。

前不久，在总医院“科技创新论坛会”上，院首长语重心长地指出：“科技人员要树立科学的态度，不能浮躁，要有坐‘冷板凳’的精神。”院首长的这番话可谓一语中的，阐明了科技人员要有所成就应具有的素养和心态。

应当说，许多科技人员有志于医学事业，想拿高水平的科技成果奖，这是有理想、有追求、有荣誉感的表现，应当大力倡导。但是，有的同志在指导思想和出发点上还不太对头，自觉不自觉地把科研与获奖的关系倒置了,正像有位院士说的那样，搞科研的目的，是为解决医学疑难问题，提高医疗质量和技术水平，而“醉翁之意不在奖”。一些同志之所以在科研上难以有所作为，其重要原因之一，就是获奖心切，静不下心来，耐不住寂寞。经不起诱惑，不愿坐“冷板凳”，结果往往欲速则不达。两次获诺贝尔奖的英国生物学家桑格说得好：“有的人投身于科学研究的主要目的就是为了得奖，而且一直千方百计地考虑如何才能得奖，这样的人是不会成功的。要想真正在科学领域有所成就，你必须对它有兴趣，你必须做好进行艰苦工作和遇到挫折时不会太泄气的思想准备。”

科研成果的产生有其自身的客观规律性，对科技人员来说，需要有一种平和心态和敬业奉献精神，需要相关知识、数据的长期积淀，需要一定时间的理论思考探索，需要有百折不挠、不怕吃苦的劲头，有的一年、两年、三年，有的甚至十年、二十年或更长时间。获得国家最高科技成果奖的袁隆平院士，他的“杂交水稻”成果是30多年艰苦奋斗的产物。扎根雪域高原28年，取得10多项国际医学领域先进水平科研成果的李素芝院长，每项成果都是付出常人难以忍受的艰苦努力的。方正激光照排技术的产生，也是经过多年的人才和技术积累，创新之路漫长而艰难，从1975年5月王选教授开始主持研发，到1987

年5月22日世界第一张整页输出的中文报纸才诞生，经过了无数“屡战屡败、屡败屡战”的战役，终于获得了辉煌成果。这样的事例不胜枚举。可见，成果、荣誉得之不易。

因此，科技人员要想有所作为、有所成就，首先要有良好的素养和崇高的境界，有一种献身科学、执著追求的理想信念，有一种不畏艰难、坚忍不拔的耐心毅力，有一种不为名利待遇所缠绕的品格修养。当自己遇到这样那样困难的时候，当自己做出成绩未被他人注意的时候，以至受到别人误解委屈的时候，都要泰然处之、不急不躁、锲而不舍。机遇偏爱有准备的头脑。成果、荣誉属于那些意志坚定，刻苦攀登，坐得住“冷板凳”的人。

原载《解放军总医院报》2005年4月11日第3版

心正言则美

——俗话说，话如其人，言为心声。说话是人的门面，是品德修养的外在表现。所以，“会说话”需从修身养性做起。

在日常生活中，说话，可谓是极普通的事了。但话要说得能引起人的美感来却不是件容易的事。有的人说得诚恳谦虚，温文尔雅，忠言不逆耳，给人轻松愉快、优美恬静的感觉，这可说是我国传统语言美的本质体现；有的人则盛气凌人，出口成“脏”，给人压抑别扭的感觉，这可说是传统语言美的另一面——丑陋的曝光。青年人恋爱，说得美的，像音乐似的和谐，也有说不好的，说“崩”了，吵起来的。在商店里，常见营业员与顾客说得礼尚往来的，也不乏唇枪舌剑互敬的。说话的美与丑可谓泾渭分明。

说话，是人的门面，同时，反映一个人的品德修养。“心正言则美”，人们常说，“话如其人，言为心声”，正是这样。我们观察，凡说话美的人，都注意人品道德修养，用文明的标准来规范约束自己。因此，要人留下美的印象，就要讲道德、讲文明、多说文明话，摈弃污秽语。

原载《西安晚报》1989年11月17日第2版

培养点“弹性性格”

核心提示：正确对待和处理矛盾、误解、坎坷与挫折等，建立健康向上的和谐的人际关系，很重要的就是要培养点“弹性性格”，保持阳光心态。否则，就容易使自己和他人陷入僵局，影响工作生活和身心健康，也无益于矛盾问题的解决。

人与人相处，难免会遇到一些矛盾、误会、摩擦。正确对待和处理矛盾、误解、摩擦，建立和谐的人际关系，很重要的就是要培养点“弹性性格”。

比如，战友之间有争执，一方高姿态退让一步，就能化干戈为玉帛；反之，如果来个硬碰硬，互不相让，就会使矛盾越积越深，以至两败俱伤。领导班子成员之间，尤其是处于“磨合期”的班子，遇到意见不一致，只要不是原则问题，一方顾全大局，大度一些，主动谈心交心，就能消除分歧，奏出“和弦”；反之，来个针锋相对，互不服气，争个人说了算，就容易使班子出现“内耗”，甚至不得不采取组织措施。有的同志受到领导严厉批评时，立即进行反驳、辩解，这样做很容易出现僵局，既损害领导威信，也会给人留下不好的印象。如果采取冷静的态度，虚心接受批评，过后跟领导个别解释一下，就比较得体。可见，培养点“弹性性格”，积极面对矛盾、摩擦、坎坷与挫折，常能使自己以及对方从尴尬、困惑中解脱出来。不然，就容易使大家都陷于僵局，影响工作和身心健康，也无助于问题的解决。

有无“弹性性格”，是一个人成熟与否的重要标志。这种“弹性性格”，绝不是处事圆滑、老于世故，更不是消极悲观、委曲求全，而是为人处事的宽阔心胸和直面人生的积极态度，是良好的思想、境界、意志、品格、胆识等综合素质的体现。任何庸俗、浮躁、浅薄，都与“弹性性格”无缘。培养“弹性性格”也并非一日之功，而是长期自我修养、锻造、积淀的结果。

好钢的弹性和韧劲，是加入各种“添加剂”冶炼出来的。人要培养“弹性性格”，也需要吸取许多“营养添加剂”。这就是通过学习，补充各种知识营养包括人生的、理想的、品德的等等。只有多学习，不断充实自己，才能提高修养层次。特别要学习伟人、英模的人格风范，不断吸收知识的营养，增加“弹性”的底蕴。当然，个人的成长进步、生活待遇的改善等，既要积极努力，又要顺其自然。如果名利思想很重，甚至不择手段去追逐，就难以保持正常的心境，一遇挫折，必然心情浮躁，坐立不安，行为偏激，处理问题就缺少弹性。此外，还要努力培养良好的应变能力和心理素质。勇于面对现实，迎接挑战，做到胜不骄，败不馁，积极灵活地调节自己的情绪，保持心理平衡。特别是在遇到困境、挫折时，努力保持乐观的精神状态。这样才能练就坦荡、洒脱的“弹性性格”。

原载《解放军报》1998年9月9日第6版

贵有创新的“精气神”

核心提示： 电视剧《亮剑》塑造了我军基层指战员面对强大之敌敢于“亮剑”、英勇善战的英雄形象。其中，让我们备受鼓舞、备感敬重的，就是他们身上那种不怕牺牲、迎敌而上的“精气神”。无论战争年代还是和平时期，无论是生死攸关考验还是日常工作生活面前，都需要这种迎接挑战的“精气神”。

新年伊始，院党委就向全院发出开展“创新年”活动的动员令。全院各级党组织和广大官兵正积极响应院党委号召，想创新之法，谋创新之策，浓厚的创新氛围正在形成。邓小平同志早在南方视察讲话时就曾指出：

“没有一点闯的精神，就走不出一条好路，走不出一条新路，就干不出新的事业。”这种“闯的精神”，就是一种激流勇进、坚忍不拔、迎接挑战的精气神。

这种“精气神”来自对人生境界的不懈追求。昂扬干事业创新的锐气和闯劲，实质是一个人思想境界的外在表现。归根结底，起支撑和决定作用的，是正确的世界观、人生观、价值观。当理想与现实发生矛盾时，要以追求事业为第一取向，以当代革命军人的核心价值观为导航和操守，以超然的心态和轻松的脚步，不断追求更高的人生价值。

这种“精气神”来自强烈的履职尽责的使命感。考量一个人有无创新“精气神”的重要指数，就是看其工作是否真心投入，是否把主要精力用在工作上，最大限度地发挥聪明才智。要像方永刚那样把职业当事业看，不用扬鞭自奋蹄，始终保持和迸发出旺盛的豪情斗志，自觉履行职责使命。

这种“精气神”来自百折不挠的良好意志和品质。创新是个曲折探索的过程，不可能一蹴而就，要经得起失败的考验。从一定意义上讲，改革创新中的困难问题与敢闯敢冒精神是“此消彼长”的关系，如果遇到困难和阻力就动摇退缩，必然半途而废，而坚持不懈、持之以恒，才能有喜人的收获。

原载《解放军总医院报》2009年3月31日第3版

用心想事　创新谋事　扎实做事

核心提示： 学会把事做得最完美有许多途径，其中有三部曲非常重要：主要心思、精力集中工作上，不能分心走神，受众多非工作因素的干扰；以创新的、与众不同的姿态去谋划，不能总是涛声依旧，年年岁岁老一套；有一种兢兢业业，宁可不睡觉也要完成好任务的劲头。

我们每个干部都想把工作做好。而做好工作决定许多因素，包括个人努力，领导的支持，同志配合，等等，从自身角度来说，我想，用心想事，创新谋事，扎实做事是三个非常重要的关节点。今天我就把“用心想事，创新谋事，扎实做事”作为我的演讲主题。

用心想事，这里主要是指对自己职责范围内的事、领导交办的事，主动思考，力求做出最佳效果的一种工作状态。

我读过这样一个故事，说的是某公司的一名职员，觉得自己工作以来老板叫干什么干什么，工作挺卖力，为什么老板总不提升自己，一次他找老板询问为什么。老板也没正面回答他，先交给他一个任务，让他到水果公司去看一下当前橘子卖多少钱。这个人回来后告诉了老板橘子的价钱。老板又叫过来一个与这个人同期进公司已经提职的职员，当着这人的面交待了同样的任务。那人回来后，不但告诉老板橘子的价钱，还了解了其他水果的行情，还与水果商进行了简单的询价谈判，给老板提出了应该考虑怎样进货的建议。这位向老板提出升职的人，听到那位职员汇报后，似乎明白未被提升的原由，自动退出了老板办公室。

这个故事至少启示我们一个道理，做事要用心，要善于动脑，要多给领导提供超值服务，而不是机械地做事。前一个人办事过于简单了，不是领导所希望的。

最近，我们部党委为贯彻落实好总后首长来我院调研时的重要讲话，专门制定了《院务部党委解决“机关弱”问题的措施》。我们负责起草的同志，就动了许多脑筋，认真领会总后首长、院部首长的有关指示，先后写了三四稿都不满意，推倒重来，最后文件呈给院、部领导，院首长给予了充分肯定。院首长批示：“院务部党委在贯彻落实总后孙政委指示要求上抓得紧，分析细，有措施，走在了四部机关的前列，望其他三部予以学习借鉴”。“院务部的做法很好，根本的措施是加强培训，用心工作，工作中提高。”总后也给予了转发。

反过来说，如果我们不用心去思考，或者应付差事，就可能流于一般化。用心想事，还包括不漏事、不忘事、不误事等许多方面的含义。这里时间关系，就不去讨论了。

创新谋事，这里主要指善于以改革创新的眼光和思维，发现问题，破解矛盾，制定措施，使工作充满生机和活力，从而推动各项建设又好又快地发展。

我曾写过一篇叫做《革除“不拉马的士兵”》的文章，刊登在今年的《解放军报》上（2008年1月29日第10版），主要说的也是改革创新问题。

由军事史学上“不拉马的士兵”的典故说起。说的是一位年轻的军官刚刚上任，到所属部队检查操炮训练，他发现了这样一个问题，就是在每门火炮的操练中，有一名士兵自始至终站在炮管下面，纹丝不动，直到整个演习结束，这个士兵也没做任何事情。经了解是操练条例规定的。这位军官再寻根问底，原来，早期的大炮是用马拉的，炮车到了战场上大炮一响，马就要跑跳，站在炮管下士兵的任务是负责拉住马的缰绳，以免影响火炮射击精度。到了现代战争，大炮实现了机械化，已经不需要“牵马”的角色了。然而操练条例却没有修订，于是，就出现了“不拉马的士兵”。该军官建议裁掉“不拉马的士兵”，并因此获得了国防部的嘉奖。

可以试想，如果这位军官与前面一些军官一样，不善于发现问题，不对操练条例的规定产生质疑，不提出改革的建议，那么，这个“不拉马的士兵”就会依然存在。

2004年，我们部党委制定的总医院《2005-2010年后勤发展建设规划》。之所以一上院首长办公会，就受到院部首长的一致好评，其中重要原因之一，就是集中了院务部全体同志的创新智慧，对未来6年医院后勤的发展前景进行了创新性的描绘。

我们新一届部领导班子非常有朝气，更是大力倡导创新，今年部党委提出并实施了“推动六项工程”、“抓好五个改革”、“破解六项难题”等创新举措，受到院首长的高度好评。我们有许多工作之所以做得好，都离不开创新这一条。

我们院务部领导在干部大会上讲评时，曾批评过有的同志言必谈过去，习惯按过去的办法办事情的现象。过去的可能做得不错，但不等于过去怎么做，今天一定怎么做。俗话说得好，年年岁岁花相似，岁岁年年人不同。过去的做法，可以成为创新的参考，但不能成为创新的标准；可以成为创新的经验，但不能成为创新的阻碍；时空在不断变化，要求我们必须用创新思维、创新的办法去迎接挑战，不能总是涛声依旧，年年岁岁老一套。

扎实做事，主要是指对自己职责范围内的事，领导交办的事，高度负责，认真去办，有一种宁可不睡觉也要完成好任务的劲头。这也是一个思想品格的一种体现。

近几年，我们医院任务超常繁重，工作快节奏运行，发展建设也是日新月异。可以说，我们绝大多数同志都能跟上院部首长的决心意图，都很勤奋敬业，许多部处领导节假日经常不休息；许多机关干部经常加班，许多基层主官坚守岗位，与基层同志摸爬滚打在一起；许多执行紧急和特殊任务的同志，包括工程建设、重大会议筹备、重大活动保障、抢险救灾，等等，都能不怕吃苦，不怕疲劳，兢兢业业，夜以继日地工作，体现了高度的事业心和责任感。

我们部有位基层主官奥运会期间，因为有任务、人手少，十余天住在办公室，睡在沙发上；还有一位基层骨干在外科大楼搬迁期间，因为工作任务重、脱不开身，儿子周日结婚，周五他还在岗位上，周日操办完儿子婚礼，周一又上班了。我们有的机关干部写领导讲话稿、制作多媒体，从晚上开始一直干到第二天早上4点。

类似的事，可以说在我们部有很多。这就是扎实做事的精神状态，这就是我们院务部人应有过硬作风。有了这种精神、这种态度，就没有干不好的事。

综合上述，我想说，人生不如意事常八九。我们所做的许多事存在不完美现象是正常的，但事事都做不完美，或者经常出现不完美是不正常的。

我们新一届部领导班子对后勤建设提出了许多新的更高的标准和要求，对每名同志的成长进步也都有新的期盼。我们一定要跟上部党委的决策部署，力求追求圆满，追求一流，追求卓越。不辜负各级领导和同志们的希望。

最后，让我借用援奥①官兵的一句话来与大家共勉：“祖国给我一个舞台，我还祖国一个精彩”！

2008年6月“读书演讲会”演讲提纲

---

① 援奥：指支援2008年北京奥运会的一系列行动。

解放思想贵在培养科学的思维品质

核心提示： 解放思想是一个永恒的命题。事业要日新月异、朝气蓬勃、又好又快地向前发展，必须具有不断解放思想、改革创新的胆识和本领。解放思想的源头，来自掌握先进的、科学的理论武器，来自不断更新和丰富自身的知识营养，来自养成创新进取和辩证思维的良好习惯……

一、深刻领悟解放思想的时代意义

把解放思想作为一个专题、作为一个重要的命题来讨论，充分说明这个问题的极其重要性。俗话说，思想是行动的先导。思路决定出路。这个问题解决不好，就会从根本上影响和制约我们的一切工作，就会使我们的工作带来严重危害。正反许多方面的事例已经证明了这一点。

“文化大革命”使人们的思想观念受到严重摧残，讲真话都可能成为一种灾难。使人们思想走入禁锢的深渊。而改革开放，思想解放的30年伟大实践和成果，让我们充分体验到了解放思想的伟大意义。

有专家说，30年来国人思想观念有大转变：一是对财富的态度：从“不敢富”到“求富”；二是对人的态度：从见“人”就批到“以人为本”；三是对自然的态度：从“人定胜天”到人与自然的和谐。这三个转变，在今天看来，好像很正常。大家很好理解。但时光退回30年之前去，却是另一番景象。那种不符合客观规律，不合科学思维，明显不符合基本常识和人们的需求的思想观念，那个时候却占据了思想领地。像谁想富、想过好日子，就是资本主义腐朽思想做怪，就与思想变了划等号。新提干的年轻排长不敢穿皮鞋，不敢皮鞋擦得太亮。怕人说丢了传统，怕人说思想不纯洁。是与非、美与丑颠倒，视野狭窄，思想偏激，思维极“左”，思想禁锢，使国民经济濒临危机，人们生活在艰难苦之中。

党的十一届三中全会吹响了解放思想的号角，可以想见，没有那次思想解放，没有改革开放，今天的繁荣和谐，人们思想的开放、开明，都是不可想象的。

科学家杨振宁有个观点，他认为，邓小平的“让一部分人先富起来”这句话，就是一个重大的创新。这句话，改写了中华民族的历史。1980年至今我国GDP成长30多倍，翻了五番。之所以能够翻五番，一个基本观念，就是邓小平的这个创新思想。

由此可见，一句解放思想的话的分量。我们思考对比一下，就知道，像这样一句话，在文革时期说出来不但没有市场，而且有被关牢狱，甚至杀头的危险。

今天我们又站在新的历史起点上，进一步以解放思想推动各项事业又好又快发展，具有重要的现实意义。应当说，思想解放的程度，决定贯彻落实科学发展观的广度和深度。今天我们医院的各项建设都在稳步上升，但是也面临许多新课题、新矛盾、新挑战，像新楼宇的保障水平提升，新保障模式的探索，节约型医院的建设，社会化改革实质性推进，思想政治工作也有不少需要认真去研究，许多深层次问题，都需要以改革创新，解放思想的姿态，进行强力推进，打开“缺口”，破解难题，开创后勤服务保障和管理的新局面。

当前还存在解放思想的一些障碍和表现，一是自我满足的心态。觉得我们总医院超常规、大跨越发展，大家工作很用心，节奏非常快，已经差不多了，不能再加码了。二是“怕”的心态。担心改革创新失败承担责任，怕得罪人，看不准的不敢动，不敢试，不敢闯。前怕狼后怕虎，故步自封，畏首畏尾。三是“等靠要”的心态。向上级要政策，等别人出经验，不能从本单位实际出发，创新性地开展工作。因循守旧。正像有的同志说的那样，言必谈过去是怎么干的。过去的可以作为创新的参考，但不能成为创新的依据和阻碍。

上述这种思想障碍不根除，解放思想就是一句空话。

解放思想，就是要敢于打破常规，打破陈规，打破旧习，放飞思想的翅膀，追求理想的境界。就是要大胆地改革创新，包括技术创新，管理创新，机制创新，方法创新等等，其中也包括思想创新。而且思想创新，更具有巨大的引领作用。解放思想太重要了。有时一句话可以影响一代甚至几代人的发展。

二、解放思想应重视培养科学的思维品质

解放思想首先自身要做到“有思想”。除了要敢于破除教条主义的、过时的、僵化的思想束缚，敢于当第一吃螃蟹的人之外。我觉得，很重要一个根本点是培养科学的思维品质。

解放思想不是随心所欲的胡思乱想，也不是没有科学依据的异想天开。必须建立在科学思维根基上。即使是“头脑风暴法”，也是要有科学的论证与实践。科学的思维品质的培养与积淀，至少应做到以下几点：

一是掌握先进的、科学的理论武器。用先进的、科学的理论武装头脑，指引航向，是我们党从胜利走向胜利的一个法宝。当前就是要学好用好中国特色社会主义理论这个体系，使我们思想和行为符合科学发展观要求。

这次开展深入学习实践科学发展活动，我通过原原本本读书学习胡主席的一系列重要论述，有许多新认识、新体会。比如，我特别注意到与科学发展观密切联系的其中的一些关键词。这些关键我都用红笔画上了，进行了认真的思考。

我觉得，挑一挑这些关键词，抠一抠这些字眼，很有必要。因为这是些词汇内涵很丰富，能以小见大，反映科学发展观的本质。比如，核心是以人为本，第一要义是发展，统筹城乡发展、统筹区域发展、统筹经济社会发展，统筹人与自然和谐发展、统筹国内发展和对外开放；提到统筹城乡社会发展时，要坚持“多予、少取、放活”的方针；说到区域协调发展总目标时，要健全市场机制、合作机制、互助机制、扶持机制，逐步扭转区域发展差距拉大的趋势，形成中东西相互促进、优势互补、共同发展的新格局。

发展经济要充分考虑自然的承载能力和承受能力，坚决禁止过渡性放牧、掠夺性采矿、毁灭性砍伐等掠夺自然、破坏自然的做法。形成低投入、低消耗、低排放和高效率的节约型增长方式。我们今天所做的一切，能给后人留下赞叹，而不给后人造成遗憾，等等。

这里列举的一些关键词：核心、第一要义、统筹、索取、投入、建设、承载能力、承受能力、过渡性、掠夺性、毁灭性，还有像生态恶化、难以为继、不堪重负，等等，正反两方面的关键词很值得我们思考和注意。

这些词汇和字眼，深刻理解领悟了，对符合与不符合科学工作者发展观就比较清楚了，就有了底数了。当然，要对科学发展观的体系联系起来学习理解，结合起来贯彻落实，而不是只抓只言片语，更不能断章取义。其中蕴含的科学世界观和方法论，立党为公的政治立场，以人为本的价值取向，统筹兼顾的思维方法，和谐发展的建设理念、务实创新的科学精神，都需要深刻理解，确保解放思想始终保持正确的政治方向和科学的思路方法。

二是不断更新和丰富自身的知识营养。这是解放思想的重要源泉。科学思维品质源于必备的科学知识积累。没有文理兼备的基本知识，就不能正确的观察、思考和处理问题，就不能认识把握事物发展的客观规律，就谈不上高层次的科学思维。像做好思想政治工作，首先要学习掌握必备的政治工作业务、基本理论和相关政策，组织、干部、宣传、保卫、秘书等等，都有自身的一套业务，除此之外，还应当学习一些领导科学、心理学、法律常识等相关相近相通的知识。这些知识越丰富，见识就越多，视野就越开阔，做起工作来就越得心应手。比如，党委建设就有一套业务，如果想当然，就要闹出笑话。都要学习认真学习，不能简单化。再比如，对和谐一词，在领导班子中，显然不等于一团和气，不等于没有批评和不同声音。但是，反过来说，有批评也不能简单认为就是为了和谐，也不能就简单地等同于就是积极的批评，“文革”期间的批评就不少，而许多批评都是造反派所为，他们无中生有，捏造罪名，是很不正常的，以至是违法的。要通过学习掌握事实，认真分析，不能“放到篮子里就是菜”。总之，更新知识，培养科学的思维品质是长期的、永无止境的。

三是养成创新进取和辩证思维的良好习惯。解放思想本身就是一种创新性的行为，而辩证思维可以保证分析研究问题的客观、实际、准确。二者有机结合，才能达到既解放思想，勇于创新，又确保按照正确的轨道运行，把事办好。一事当前，遇见矛盾问题，首先要有一种积极的姿态，进取精神，想方设法去研究解决。与此同时，要以辩证的、科学的方式方法，进行去粗取精、去伪存真、由此及彼、由表及里的分析研究，力求考虑细致周全，透过现象看本质。比如，这次开展学习实践活动，我们部领导要到临床一线去调研。部领导就专门交待机关同志，下去前一定要先与临床沟通好，一定要先听临床意见，看这些天他们哪天有时间，以他们时间为主，对基层已经安排工作的，坚决不打乱正常秩序，不干扰基层工作，临床一线反映很好。这看起来是件小事。但小事里面蕴含着领导机关正确指导基层建设的指导思想，也有领导机关良好的作风养成，也是以人为本、尊重基层主体地位的表现。我们发现，还有的领导同志为不干扰基层工作秩序，又要搞好调研，专门抽出晚上时间进行。这都是领导机关有良好姿态和较高理论素养的结果。而有的则正相反，不问基层情况，主观意志行事，打乱了基层正常秩序，让基层苦不堪言。近几年出现的有的领导机关“乱忙”，致使基层“忙乱”的现象，根子就在于此。这也让我们看到，在工作实践中真正落实科学发展观，养成创新进取和辩证思维的能力并不容易。

总之，解放思想应当成为我们的经常性课题，我们要以积极的姿态，创新的胆识，扎实的作风，做解放思想的实践者，使医院各项建设不断有新思路、新举措、新进步。

2008年12月29日解放思想讨论发言提纲

思想的印痕

卷四

实践启迪拾零

在先进理论指导下进行的丰富实践，于丰富实践基础上产生新的理性感悟，再回到实践中去“淬火”。这是一个不断提高实践能力，升华理性思维的过程。多一些对丰富实践的思考，就多一分对实践规律的认识和把握，就会多些科学的实践。

对当前部队弘扬优良传统情况的调查与对策思考

核心提示：发扬我军的优良传统和作风，永远保持革命军队的性质和本色，是我军思想政治建设的重要内容。要在积极推进中国特色军事变革、加快我军现代化建设的历史进程中，认真总结经验，把坚持不懈地抓好优良传统教育与培育当代革命军人核心价值观有机结合起来，使全军官兵珍惜我军的光荣历史，使光荣传统和优良作风薪火相传、发扬光大。

胡主席在今年纪念建军80周年大会上的讲话指出“听党指挥、服务人民、英勇善战”。在党的十七大报告中再次强调“大力弘扬听党指挥、服务人民、英勇善战的优良传统”。这为当前和今后部队大力弘扬优良传统指明了方向，提出了要求。最近，我们课题组就当前部队弘扬“听党指挥、服务人民、英勇善战”优良传统情况，采取走访部队、座谈讨论、问卷调查等多种方式，重点对总部直属和部分军区、军兵种等10余个师旅团级部队进行了了解，具有一定的典型性与代表性。

一、当前部队弘扬优良传统情况的现状浅析

我们感到，近年来，基层部队始终坚持“听党指挥、服务人民、英勇善战”的优良传统，通过理论灌输、教育引导、实践锤炼、环境熏陶等多种途径，引导官兵听党指挥坚定信念，服务人民彰显本色，英勇善战练就打赢本领，特别是从革命战争年代就有着优良传统,产生英雄人物的部队，如一些红军师、“老虎团”、张思德、董存瑞、航天英雄聂海胜等所在部队，学传统、用传统的口号叫得响，学英雄事迹，走英雄道路的氛围非常浓厚，激励着一代又一代官兵，部队发扬优良传统非常有特色，在履行新世纪新阶段我军历史使命中不断发扬光大，树立了我军革命之师、文明之师、威武之师的良好形象。

一是始终把听党指挥摆在首位，永做党和人民的坚强柱石。调查中，我们深切地感到，基层部队各级党组织和广大官兵牢记党对军队绝对领导这一“军魂”，在政治上、思想上、行动上始终与党中央、中央军委保持高度一致。始终坚定对马克思主义的信仰，对建设中国特色社会主义的信念，对改革开放和社会主义现代化建设的信心，坚

定对党中央、中央军委和胡主席的信赖。特别是在各个历史关头和敏感时期，都能始终旗帜鲜明地抵御各种错误和落后思想文化侵蚀，在完成各种急难险重任务中，始终听招呼、顾大局，坚决执行指示命令，始终与党中央、中央军委保持高度一致。

二是始终把服务人民放在心中，树立人民军队的良好形象。各部队始终保持与人民群众“同呼吸、共命运、心连心”的血肉联系，坚持服务人民的宗旨。危难时刻，官兵是人民的救护神。紧要关头，官兵是人民的贴心人。前不久，二炮某旅机要参谋孟祥斌英勇救人壮烈牺牲的感人事迹成为军民传颂的佳话。《解放军报》（见2007年12月3日）头版予以报道。98抗洪、抗击非典等都是部队打头阵、当先锋，谱写了可歌可泣的壮丽诗篇，树立了人民之师的良好形象，涌现了许多舍己为人的英雄人物。除参加抢险救灾之外，积极参加交通、水电、通信等重点工程建设，开展扶贫帮困活动，同样也做得非常出色。三峡大坝、青藏铁路都留下了官兵的汗水，为贫困缺水地区打井的北京军区模范给水团团长李国安、被贫苦藏民称为“活菩萨”的西藏军区总医院院长李素芝等，这些都充分展示了我军服务人民的良好形象。全军各部队支援社会主义新农村建设，帮助新建扩建中小学，使失学儿童重返校园。军队医疗卫生系统与西部地区众多所县、乡医院建立帮扶协作关系，培训业务骨干，义务巡诊治病，赠送医疗设备和药品。这些都说明，我们无愧于人民子弟兵的光荣形象。

三是始终把英勇善战作为使命，狠抓战斗精神的全面培植。各部队注重在执行急难险重任务和军事训练实践中，培育战斗精神，锤炼战斗作风，磨炼战斗意志。叫响“首战用我，用我必胜”的口号，苦练精兵，真打实备。济南军区某集团军用“铁军”的精神鼓舞士气、磨砺意志、历练纪律作风，在各种危局险境中培育“孤胆作战”、“英勇善战”的战斗作风，在训练实践中锤炼。注重引导官兵在学习回顾团队历史中不断强化“红军传人”的责任感和使命感，组织官兵学习师旅团史和营连史；开展“弘扬红军传统，争当红军传人”比武竞赛活动；组织纪念建师旅团诞辰日系列文化活动等，在优良传统中汲取。充分发挥先进军事文化的塑造功能，用健康向上催人奋进的思想文化培育、激励和升华官兵的战斗精神。总后勤部某直属单位坚持培育后勤特色文化，近年来，自编自演大量的深受官兵喜爱的文艺节目，开展丰富多彩的文化生活，培育了战斗精神，促进了各项后勤保障任务的完成。

从上可以看出，我们在弘扬优良传统方面取得的巨大成绩，但是，从进一步弘扬我军优良传统角度，个别部队也存在的一些问题：一是思想认识不够到位。有的对弘扬优良传统的重要意义认识不够深刻。对历史传统的了解不够全面。有的官兵对我军优良传统知之不多，有的甚至认为现在打的是信息化战争，许多不用接触就实现杀伤目的了，英勇善战没多少用了、有点过时了。二是氛围营造不够浓厚。硬件缺场所、有的经费投入上不够，那些具有潜移默化作用的标语、横幅、灯箱等缺乏规范，软件上，有的教育落实不够，优良传统教育活动叫的不响，不能坚持经常，有的不善于培养、发现、宣传先进典型等等。三是与完成任务结合不够紧密。军事训练，强调训练成绩多，结合抓军魂培育不够。大项任务强调工作进程多，在完成任务中抓养成不够。军营文化重视现代格调多，把优良传统有机机融入不够。

上述问题，主要是个别现象，在不同部队表现也不尽一致，从影响弘扬优良传统的主客观原因看，主要有三个方面。

一是国际敌对势力的影响。在政治上，西方敌对势力大搞媒体政治、街头政治、网络政治，与国内的民运分子和民族分裂主义分子遥相呼应，把我军作为“西化”、“分化”的主要目标，把我军官兵作为浸透的重点对象，加紧推行“和平演变”战略。在经济文化上，加紧全方位渗透，美国中情局面向中国青年的《十条戒令》中讲，“一定要尽一切可能做好宣传工作，包括电影、书籍、电视、无线电波和新式宗教传播。只要他们向往我们的衣、食、住、行、娱乐和教育方式，就是成功的一半。”二是社会负面因素的冲击。当前我国正处于经济快速发展和社会矛盾凸现的历史时期。人们思想观念深刻变化，官兵对传统价值思想认同将受到影响；社会结构深刻变动，军人社会地位容易产生错位，服务人民的立场容易产生动摇；利益格局深刻调整，少数官兵及其亲属的利益可能受到影响，个人价值观念和理想追求容易产生偏差；社会弊病深度显现，特别是社会不良风气、腐败现象腐蚀着党的肌体，削弱党在人民中的群众基础，损害官兵对党的感情基础。同时，信息技术深刻变革，快速发展的信息网络和通信手段，既为我们进行传统教育提供了便利条件，也为各种不良思潮和腐朽思想渗透军营开辟了更多的通道，这些变化给部队官兵带来一定影响和冲击。三是部队自身环境的限制。长期和平环境，使部分官兵当“和平兵”、“和平官”的思想有所滋长，当兵打仗、带兵打仗、任期内打仗的意识有所淡化。现在部队大多为“80后”官兵，少数官兵对我军在长期的革命斗争和现代化建设过程中形成的优良传统没有亲身体验，缺乏切身感受。个别部队内部存在不正之风，在处理战士入党、提干、选调技术学兵、转士官和干部提升、入学、培训等热点敏感问题上不能做到公开公平公正，使部分官兵对正面教育失去信心。还有的单位在涉及官兵切身利益的问题上漠不关心，如基层部队普遍存在的住房难、治病难，子女上学难，家属随调工作安置难，干部转业安置难等诸多问题，都对官兵产生较大的负面影响。

二、大力弘扬优良传统的对策思考

一要注重抓好教育内容统筹，着力解决提升教育效果质量和不挂“空挡”问题。弘扬优良传统好不好，关键在领导。现在机关基层普遍反映教育内容过多，频道转换快，基层结合实际落实难问题。部队先后开展党的先进性教育，履行新时期历史使命教育、党风廉政教育、形势任务教育、安全保密教育等等，面对这些教育内容，有的没有很好地针对本部队官兵思想实际抓教育统筹，上下一般粗。有的不会“变压”、“过滤”“融合”，每项教育都原原本本往下“灌”，结果基层吃不了，造成消化不良。就“听党指挥、服务人民、英勇善战”教育本身来说，内涵也非常丰富，不同单位、不同人员、不同时机，教育的侧重点也不一样，也需要科学合理安排，区分内容和人员层次。比如，听党指挥教育，在各级党委、团以上领导干部与部队基层官兵的学习教育就应有区别。同样是基层士兵，新兵老兵、大学生士兵与初中士兵、大城市兵与农村兵等也不太一样，如果都“大轰隆”“一锅煮”“一勺会”，不但达不到教育效果，还会带来逆反心理。应当结合各个部队实际，在一个时期、一个阶段把优良传统教育作为一个重要内容突出出来。纳入思想政治教育之中，要紧紧围绕社会上的一些热点难点问题和官兵在弘扬传统过程中出现的困惑，采取交心会、答疑会、辨析会等形式，广泛开展群众性自我教育活动，让官兵敞开思想，各抒己见，在思想碰撞中拉直问号，在相互启发中明白道理。特别是各级党委和领导要做传承优良传统的表率。要把弘扬优良传统纳入党委学习、政治教育、军事训练总体安排之中，结合本单位实际狠抓落实，使弘扬优良传统这根“弦”在头脑中扎根。

二要注重抓好环境氛围营造，着重解决经常性的环境熏陶和氛围不浓问题。充分重视发挥军营文化环境对官兵弘扬优良传统认同感的潜移默化的教育作用，努力做到“四有”：**有环境布置。**加大传统教育基础设施建设，充分挖掘、利用本单位丰富的传统教育资源，进一步修建、完善功臣模范单位荣誉室、史馆、展览馆建设，为传统教育提供良好的平台。在营区内主要道路、活动场所修建以弘扬优良传统为主要内容的宣传灯箱、标语牌，达到一个灯箱一本书、一条道路一堂课，使营区成为进行传统教育的“无言老师”，让官兵在耳濡目染中感受传统、净化心灵，纯洁思想，鼓动斗志。调查了解到有些部队舍得投入，某部先后投入300余万元用于传统文化环境建设，基本形成历史荣誉馆、体魄训练场、野外综合训练基地和生存训练基地等多位一体的优良传统培育格局。还有我们西安政治学院的体育文化、舞台文化、走廊文化、雕像文化、石头文化等多位一体的文化环境，都是弘扬优良传统很好的载体。**有场所保障。**用好盘活传统资源，积极筹建师团史馆、营连荣誉室，在利用好黑板报、墙报、军营广播等传统宣传教育阵地的同时，充分利用现代科技，增强传统教育的吸引力感染力，特别要发挥网络信息量大、传输速度快、官兵乐于接受的特点，积极实施政工网络进班排工程，并在政工网上设置传统教育专栏，开展网上大讨论，让官兵在键对键、线连线中平等交流，有活动载体。结合七·一、八·一、国庆等重大节日，开展爱党拥军助民活动；结合部队实际，广泛开展七·七事变、九·一八事变、南京大屠杀等纪念活动，组织学习党史、国史、军史，有条件的还可以组织官兵定期走出去参观驻地革命遗址和纪念馆地，缅怀先烈，激励斗志。积极开展丰富多彩、富有特色的军营文化活动，以文艺节目、文体比赛、军事体育等为载体，注入丰富的传统教育内容，让官兵在丰富精神生活的同时接受传统教育。**有典型引导。**发挥典型的激励导向作用，围绕听党指挥、服务人民、英勇善战等方面，培养和树立不同类型、不同层次的先进单位和个人，比如，组织“精武标兵”、“爱民模范”等评选活动，使大家学有榜样，形成独特的教育作用。电视剧《亮剑》中的团长李云龙到哪个团，哪个团的士气都嗷嗷叫，战斗精神异常高昂，其中一条重要原因，李云龙就是个标杆，部队闻名的典型，某部在革命战争年代有“三猛精神”，即猛冲猛打猛追，也是这个部队有特色和典型意义的优良作风。

三要注重抓好综合实践培育，着重解决“单打一”的问题。注重把优良传统的弘扬融入到军事斗争准备的具体实践之中，坚持与战备训练、从严治军、后装建设、落实人才战略工程等工作任务紧密结合起来，渗透到部队建设的方方面面。

与军事训练相结合，在真抓实备中强化。通过广泛开展“弘扬优良传统，争做革命传人”主题实践活动，在官兵中叫响“立足本职建功立业”的口号，从难从严组织训练，敢于把部队放到“风口浪尖”、“刀山火海”中锤炼，在练技能体能的同时，提高官兵抗疲劳、抗眩晕、抗饥饿和不怕危险的耐力和意志，培养官兵过硬的心理承受能力。

与重大任务相结合，在困难挑战中磨砺。要把部队执行抢险救灾、国防施工、军事演习等重大任务，作为弘扬优良传统的重要实践课堂，采取召开誓师大会、开展挑应战、立功创模等多种形式，培养官兵服从命令、听从指挥的大局意识，增进热爱人民、服务人民的浓厚感情，强化一不怕苦、二不怕死的战斗精神。

与日常管理相结合，在点滴细节中养成。把优良传统培育融入到官兵的日常作风养成之中，坚持从严治军，狠抓条令条例的贯彻落实，从建立和保持正规训练、工作和生活秩序入手，切实用条令条例来规范官兵的言行举止，把每一天、每次集合、每次操课都作为培养过硬作风的时机，练队列、练坐姿、练站相、练歌声，引导官兵从一点一滴培养军令如山、守纪如铁的纪律观念和令行禁止、雷厉风行的战斗作风。

与拥政爱民相结合，在深厚感情中培育。拓宽拥政爱民渠道，始终保持同呼吸、共命运、心连心的军政军民关系。动员全体官兵积极参加国家经济建设，参加和支援社会主义新农村建设、西部大开发、东北等老工业基地振兴，以及做好维护社会稳定、抢险救灾的各项工作。各基层部队还要探索物资扶贫、技术扶贫、知识扶贫等方式，主动与当地政府和居民建立联系点和扶贫对象，形成长效机制，构建社会主义和谐社会的强大源泉。

合作者：刘晓红、于利军、于健波、杨晓炳、韩启才、周晓庆，2007年12月，收入本书时部分内容有修改删节

深入贯彻落实科学发展观
积极推进军队卫勤保障社会化

核心提示： 积极推进军队后勤保障社会化改革是适应中国特色军事变革的客观需要，是推进国防和军队现代化建设又好又快发展的重要课题。本文论述了推进军队卫勤保障社会化改革的重大意义，分析了我军卫勤保障社会化改革遇到的矛盾和挑战，提出了深入推进军队卫勤保障社会化改革的方略。

军委胡锦涛主席指出，要“深入推进军队后勤保障和其他保障社会化，充分利用经济社会发展成果推进国防和军队现代化建设”。这既对新时期军队后勤保障提出了新的要求，也为新时期军队后勤保障改革指明了方向。军队卫勤保障作为后勤保障的重要组成部分，如何适应社会主义市场经济发展的要求，如何与履行新世纪新阶段我军历史使命相适应，实现军民一体化卫勤保障，是提高卫勤核心保障力、推进国防和军队现代化建设又好又快发展的重要课题。

一、推进军队卫勤保障社会化改革的重大意义

推进军队卫勤保障社会化改革是建立卫勤保障新体制的客观要求。军队卫勤保障模式的发展，是由军队所处时代的作战样式、社会经济状况和担负的作战任务所决定的。我军在井冈山初创时期，由于缺少物质基础，卫勤保障只能就地取给和取之于敌，用土办法医疗救护伤病员。抗日战争时期，我军大多是敌后作战，经济条件很差，也只有靠自己动手，逐步建立野战医院，尽力改善医疗保障水平。新中国建立后，国家采取统一供应的方式，军队医疗体系不断完善，特别是新世纪新阶段，随着社会主义市场经济体制的不断发展，我国综合国力明显增强，突破高度集中的计划经济体制的军队“办社会”的弊端，充分利用社会医疗资源，使军队卫勤建设发展与经济社会发展的大势相适应、与全国建设小康社会的进程相协调、与深化国防和军队改革的总体部署相一致，实现军队卫勤保障又好又快发展已成为客观必然。

推进军队卫勤保障社会化改革是完成多样化军事任务卫勤保障任务的迫切需要。信息化战争武器杀伤力强，参战人员伤病数量多，救

治难度增大，仅靠军队卫勤力量很难完成。推进军队卫勤社会化保障，建立平战结合、寓军于民的卫勤机制，是世界军事后勤发展的大势所趋，也是加强我军卫勤现代化建设的必然要求，有利于平时与战时的快速转换，缩短伤病员转送距离，保证及时救治和迅速转运。而且，完成多样化军事任务也日益凸显军地卫勤联合保障的重要性。大量事实说明，军队平时卫勤社会化保障的程度越高、机制越完善，战时动员和完成多样化卫勤保障任务的转换才会更加迅速自如。

推进军队卫勤保障社会化改革是提高军队卫勤核心保障力的重要保证。尽管部队医疗条件随着我国经济实力的增强不断改善，但目前卫勤保障经费仍然不足，军人的医疗保健条件仍需要进一步提高，大力推行卫勤保障社会化，充分开发和利用好有限的医疗卫生资源，依托市场和社会力量，使军队卫勤保障与社会卫勤保障各自的优势都得到充分发挥，实现军地医疗资源的共享和最佳利用，从而确保卫勤保障高效率、低成本，确保医疗队伍及时拉得出、救得下，确保部队战斗力的生成和各项任务的圆满完成。

二、我军卫勤保障社会化改革遇到的矛盾和挑战

改革在卫勤保障的众多方面展开，但深度拓展不够。从2000年开始，全军各大单位相继展开了卫勤保障社会化改革，军队医院、疗养院的生活保障逐步引入社会化保障企业，军队的药品器材保障特别是在非作战部队的所需药材，基本实现由社会化企业进行保障供应。全

军2000多个小散远单位实行了门(急)诊医疗保障社会化，90%以上非作战药材实现了社会企业保障供应。虽然改革取得不小成绩，但改革的深度和广度与我们的预期目标还有一定差距。军队卫生防疫、保健及战时药材供应保障方面的社会化改革进展较为缓慢；有的军队医院生活保障找不到理想的托管方，外部的专业保障力量进不来，内部职工出不去；在卫勤保障的专业选择上面，对一些军队自身特点鲜明、进入难度较大的专业保障直接选择了回避，特别是应急保障、执行多样化军事行动、平战转换机制模式等方面需进一步研究拓展。

改革运行较为平稳，但规范化操作还不够。综观我军的卫勤保障社会化改革发展历程，由于国家和军队强有力的领导和相关政策支持，改革遵循“政府部门主导、军队组织实施、社会力量参与、市场机制运作”的原则，全局上看向前推进较平稳。但在中观、微观层面操作上还不够规范。一是相应的政策制度以法律条文的形式，对社会化保障的目标、范围、对象、程序和方式方法以及社会化保障的机构设置、人员组成、工作职能、军地双方的权利与义务等基本问题加以规范不够。二是相应的有关条文具体化、操作性不够。致使有的组织实施不规范，造成官兵利益受损和部分军产的潜在流失；有的经营活动存在主观臆断和通过人际关系、行政手段解决矛盾的现象；有的缺乏成熟监控措施，有了问题很难及时发现和解决。

改革带来保障方式的变革，但军事经济效益还不够明显。推行军队卫勤保障社会化的目的是减员增效，原则上在不增加军队保障队伍规模甚至压缩已有规模的情况下，对传统卫勤保障方式进行一次深刻变革。但在改革的实际运行中还存“两个兼顾”不够的问题：一是兼顾军事效益不够。有的片面追求经济效益，使改革偏离了“为战场服务”的根本方向。有些医疗单位在与地方医疗机构确定合作关系、签订合同的时候，偏离“平战结合、军民兼容”原则，没有建立起完善的平战转换机制。二是兼顾经济效益不够。如目前军人与地方职工的医疗保障仍有较大反差。据统计，实行医疗保险前，地方公费医疗患者的人均费用是军队伤病员的2—3倍；实施医疗保险后，地方投保的医疗经费是军队现行标准的5—6倍。医疗保障社会化改革，使军人看病难问题得到缓解，但军队医疗费用不足问题仍很突出。

改革取得了阶段性成功，但仍面临一些深层次矛盾。伴随军队卫勤体制改革的不断深入，一些深层次的矛盾也相继暴露出来，主要是：军队要“甩包袱”与地方谋求利润之间的矛盾，往往导致改革走“回头路”；军队的高度集中统一与社会保障实体市场行为相对宽松之间的矛盾，导致军事卫勤属性面临被逐渐淡化的现实；现行卫勤法规的单一与开放型保障法规不配套之间的矛盾，导致组织社会化保障许多方面处于法规的“真空”地带，容易诱发各种风险；社会化保障要求高与后勤管理人员素质偏低之间的矛盾，导致监督调控环节较为薄弱，管控能力不强。

三、深入推进军队卫勤保障社会化改革的方略

在平战结合上求发展。一要把平时卫勤保障社会化与战时动员保

障对接。平时的社会化保障与战时动员，其动力源是不同的，前者主要靠利益驱动，后者主要靠国家法规驱动，兼顾利益。因而，要根据信息化条件下局部战争的特点和要求，会同国家相关动员机构做好动员工作。尤其对医疗救护力量的紧急扩充、卫材供应、设备维修以及医务人员衣食住行伴随保障等方面，要做到平时有预案、有联训，在使用地方企业保障时应预先签订明确的协议，找到承包商保障与部队保障的结合点，明确各自担负的责任。二要坚持平战一体，增强卫勤保障社会化的野战功能。由单一保障向综合保障转变、由平时社会化保障向战时野战化保障转变。首先，着眼任务，实行一体化保障。在保障力量组建上，整合地方各大医院、医疗机构等单位组建医疗救护分队和卫勤保障分队；结合完成大型应急救援等非战争军事行动锻炼队伍，总结完善平战转换动员保障机制。其次，围绕应急，实行伴随跟进式保障。针对应急行动(包括应急作战、处置突发事件、抢险救灾等)的特点，制定和完善《应急作战卫勤社会化保障组织指挥预案》，确保组建的医疗应急分队和相关药材的供应能牢牢地置于掌控之中，做到一声令下，立即出动，保障到位。再次，紧贴实战，实行军民联合保障。通过与地方医疗机构组成医疗救护体系，平时加强医疗救治、伤员后送、卫生检疫、卫生防护等演练，为战时开展战场救护积累经验。

*在重点方向上求突破。*一要加快标准制度的转换，确保卫勤保障社会化改革的持续发展。要对驻中心城市部队医院进行资源整合，探索依托地方医疗资源保障部队的新途径、新模式。应参照地方医疗改

革的具体情况，采取科目单列、扶持启动、零基预算、单位补助、改变结构等办法，逐步使经费保障与国家医疗保障改革接轨，为社会化改革的持续发展提供强有力的支撑。二要建立健全相关法规，实行标准化管理。解决卫勤保障社会化改革的关键，在于有一套完善配套的法规制度作保障，防止机构运转不灵、各级职责不清、内外关系不顺、保障效能不高，使社会化保障能够有序高效运行。尤其是对药材保障的社会化部门要严格管控。三要对一些卫勤保障经费比较困难的项目，可考虑适时引入国外的先进投资模式，解决资金紧缺矛盾。比如，BOT(bulid—operater—transfer)模式意指建设、经营和转让，是指重要的一些基础项目，根据社会或政府的要求，引入社会民间资本负责修建并经营维护，在约定的期限内收回投资并获得一定回报，然后转让给政府或者社会，这种模式在国际上已成为解决社会公益设施建设经费不足的一种有效途径。

在完善机制上求创新。积极推动建立卫勤保障社会化工作军地高层协调机制，协调国家和地方政府出台相关配套政策，不断探索推进社会化改革的多种模式。要遵循“军队提改革思路、政府部门主导、社会力量参与、市场机制运作、以法保障实施”的路子，不断建立和完善卫勤保障社会化的运行机制。一要建立健全管理监控机制。要健全组织机构，明确工作职责，确定各项工作的标准要求和时间节点，严格规范工作制度和运行程序，将先进科学技术运用到卫勤社会化保障管理的各个方面，实现科学、系统化的管理。二要建立健全效益评估机制。尽快建立一整套具有我军卫勤工作特色的、科学的政策制度的评价体系，设立若干相互联系、相互制约的指标或指标组，从数质量上反映军队卫勤社会化保障效益。在综合评估的基础上，推行对供应商的准入制度。尤其是药材供应方面，建立一套供应商资格评估制度，对那些诚信度高、信誉好、履约能力强的供应商发给市场准入资格证书，并实行年检制度。三要建立健全信息反馈机制。及时跟踪改革进程，适时组织综合评估，客观公正地评价改革成效，确保改革少走弯路，确保改革的正确方向。

在学习借鉴上求实效。国家医疗体系改革和外军的卫勤保障社会化改革，都为我军卫勤保障社会化改革提供了有益的参考。尤其以美、俄、日、德为代表的发达国家军队，在医疗保健、教育训练、军事医学研究和药材供应等方面的成功做法值得我军借鉴。比如：在医疗保健方面，以军队卫生系统保障为主，地方卫生系统保障为辅。平时对军人边海防、休假、外出执行任务的军人，在应急情况下，可在驻地进行医疗保障，体现以人为本，确保及时医治。战时或应对突发事件，可启动卫生动员机制，动员地方卫生单位为军队服务。在医学教育训练方面，一是依托地方医学院培养军队卫生人员，在地方医学院校设立军事医学和灾害医学教研室，或采取与地方医学院联合办学等方式，整合军地医疗教育资源；二是直接从地方招聘卫生人员；三是加强预备役医务人员队伍建设。在军事医学研究方面，注重将地方上各种医学研究成果运用到军事领域；充分利用社会研究力量，把一些研究任务交给地方医学研究机构，或将军队的某些研究机构转隶地方，但继续为军队卫勤保障服务；注重将军事医学的某些科研成果社会化，促进军地医学交流，在国家法规政策允许情况下，取得一定的经济效益，作为军事医疗经费的补充。在药材供应方面，采用商业化做法：即厂家直供、厂家管理仓库和即时供应的现代药材供应方法，大大减少战区预备物资的库存量。

参考文献：

1．总后勤部．《中国人民解放军后勤七十年》，解放军出版社，1999年版。

2．廖锡龙．《在新的历史起点上开创全面建设现代后勤新局面》，《后勤》2008年第4期。

合作者：杨洛渝，原载《后勤学术》2009年第8期。

稳定后勤仓库团职领导干部的对策初探

核心提示： 充分调动重点岗位干部的积极性、创造性，认真研究解决影响和制约这些干部在成长进步、工作生活等方面遇到的困境难题，为他们解除后顾之忧，营造有压力、有动力、有活力的良好环境，激励他们安心本职，献身使命，是思想政治工作的重要内容。

近几年来，军委和总部在干部队伍建设上制定了一系列的政策制度，有力地促进了干部的思想稳定，但由于我军编成复杂，情况不一，加之商品经济大潮的冲击，在某些局部上也出现一些新情况新问题，后勤仓库团职领导干部思想不够稳定就是其中之一。邓小平同志曾指出，在某种意义上讲，未来战争就是打后勤。军队的仓库是我军后勤战线的重要组成部分。加强仓库的管理和建设，对于提高后勤供应保障能力具有重要意义。而要做好这些工作，直接负责仓库管理和建设的主要领导干部起着至关重要的作用。因此，研究和探索稳定仓库（含相当于仓库的物资供应站等单位）团职领导干部的途径和办法，是摆在政治工作面前的重要课题。

一、仓库团职领导干部思想不稳定的原因

据调查，仓库团职领导干部思想不稳定的原因是多方面的，既有精神的，也有物资的；既有主观的，也有客观的。概括起来，主要有以下几点：

*一是谋求个人发展的强烈愿望与个人发展受限的矛盾，使他们产生“无所作为”的心理。*按照军官服役条例规定，团职干部最高服役年龄为45岁。由于后勤干部的整体老化现象，一般任到仓库主官时已达到四十一二岁左右，跟最高服役年龄只差三四年时间，而从仓库主官晋升到上一级职务不仅受编制、机遇等条件的制约，还要经受时间的选择。因为由正团职提升为副师职后，一般要工作10年以上。由于两者任职时间“不同步”，因此，正团职到了最高任职年龄后，往往上面没有空缺，只好考虑退路。另一方面，由于仓库业务性较强，干部调整、交流受到一定限制。上述两方面的原因，造成部分仓库主官产生“干好干坏一个样”、“守摊子”、“熬年头”的心理。任职

时间短的，看到任职时间长的同志前面受堵，也感到自己“后劲不足”。同样，副团职因正团职动不了，也觉得前途“不太乐观”。

二是既要决策指挥，又要亲自干的特殊领导角色，产生“辛苦难当”的心理。仓库在编制上虽然是团职单位，但是，人数多的只有二三百人，少的才四五十人，不像野战团队那样有“千军万马”，在管理层次、管理方式上也有其特殊性。对下实行面对面领导的时候多。有许多事情需要仓库领导总体思考、亲自部署、具体抓落实。既当指挥员，亲临现场；又当战斗员，跟班作业。正像有的同志说的：“仓库是团的架子，连的工作方法”。因此，仓库主任既要演好主任的“戏”，有时也要唱连长的“歌”；仓库政委既要扮好政委的角色，有时也要出指导员的节目。副职也一样，工作忙忙碌碌，辛辛苦苦，经常“两一睁，忙到熄灯”，进行“超负荷运转”。有的仓库人员分散，思想工作比较复杂，特别是管武器弹药、油料等危险物品的仓库领导，还担心哪个地方照顾不到，出现重大事故，对上对下都不好交待，感到仓库领导辛苦难当。

三是大城市与“山沟沟”的环境条件反差，产生“尽快离位”的心理。后勤仓库多是驻地偏僻，交通不便，物质文化生活条件较差，有的靠近少数民族地区，条件更差。如家属随军难，孩子上学难，有病求医难，上街购物难等等。有的团职领导干部家属在城市，不愿随军到山沟，造成夫妻长期分居两地，给生活带来很多困难。有的团职领导干部讲，一进行横向比较，就觉得比人“矮一截”，是“被人遗忘的角落”。环境的艰苦，使部分团职领导干部产生“早日出山进城”的心理，客观上造成拴心留人难的问题。

四是已熟悉的工作套路与到地方“重起鼓另开张”的二次择业问题，产生“悲观忧虑”的心理。按照军官服役条例规定，仓库团职干部到45岁就要安排转业，部分仓库团职干部对第二次就业心理缺乏承受能力，尤其是驻城市的仓库团职干部，不愿到地方重新安排工作，担心平时与地方打交道不多，没有关系熟人，加上年龄偏大，转业后工作安置不理想。从前几年转业到地方的同志反映，有地方单位总认为仓库的干部是部队“看家守摊摊”的，没有什么“能耐”，即使部队介绍情况再好，也不愿要。特别是有的地方引进竞争机制，实行“招聘制”、“双向选择制”等等，这种“危机感”就更加强烈，担心到地方“无用武之地”。

二、稳定仓库团职领导干部的对策思考

军队是执行政治任务的武装集团，这种特殊使命，要求军人必须具备崇高的献身精神。但是干部的稳定，除了从思想上加强教育引导外，搞好政策制度建设是一项重要的保证措施。尤其是作出鼓励仓库团职领导干部安心工作的政策比较迫切。通过完善政策制度，调节他们的思想行为，增加仓库干部的角色吸引力，使他们感受到党的政策的温暖，切身体会到，在仓库工作“有奔头”，努力为仓库建设做贡献。因此，要思想教育与完善政策和在政策允许的范围内，解决他们的实际矛盾问题，进行“三管齐下”。

一要营造以苦为荣的良好氛围，激发他们安心仓库的光荣感责任心。良好氛围，是干部安心仓库的基石。一是教育启发干部，增强他们自我觉悟、自我教育能力。这些干部受党教育多年，有一定的马列主义水平和政治思想觉悟，领导机关要利用到仓库蹲点、检查工作、调查了解情况等有利时机，多给仓库团职领导干部“吃小灶”，进行传帮带。教育他们认清自身的价值、地位、作用，增强以苦为荣的意识，号召他们自觉以焦裕禄为榜样，摆好索取与奉献、个人利益与军队利益的关系，发扬艰苦创业的革命精神，经得起和平时期艰苦环境的考验。二是发挥先进典型的导向作用，大力宣扬、奖励“安心仓库”的典型。对于在工作中涌现出来的好人好事，要不惜笔墨，以各种方式宣扬。对于表现突出的，当奖励的要适当给予奖励。确实使他们感到在仓库工作的荣誉感。三是发挥“贤内助”的“添加剂”作用，促动他们增强“以库为家”的观念。要做好干部家属的工作，如开展给驻艰苦地区仓库领导干部家属挂奖章等多种多样活动，使她们乐意挑起家庭重担，为干部分忧，支持丈夫干事业。

二要创造有利于干部发展的宽松环境，使他们感到在仓库工作“有干头”。一是在现有编制情况下，对确实优秀、工作实绩突出的仓库主官，允许高配到副师；副职，允许到正团。即主官任现职满四年或五年，如晋升没有空缺，经考核本人具备晋升条件，可以加括号下副师职仓库主任或政治委员的命令。同样，副职任职满三年或四年，也可以相应地调整为正团职。干部的高配，要坚持控制数量、保证质量的原则，不搞“照顾官”，防止带来新的矛盾。二是适当缩短晋升职衔时间。对于工作需要，一贯表现好，影响面比较大的同志，在不满最低任职或晋衔时间时，可以提前一年或两年晋职调衔。三是对有培养前途，安心仓库工作的营团干部，送院校学习深造，毕业后，回仓库任职。以上，均应经严格考核后实施。要坚持政策倾斜与干部安心工作，政绩明显相结合，防止干部不求进取，“躺在优厚政策上睡大觉”的现象产生。对于“闹、要、泡”的干部，坚决不能使用。

三要为干部离职设“特区路”，使他们感到在仓库工作“有劲头”。所谓“特区路”，就是给干部离职时，多设两条较优越的退路，让他们消除后顾之忧，走“适合自己特点的道路”。一种设想是，对先进仓库主官，在达到最高任职年龄45岁时，调任上一级职务有困难，在本级又可以继续工作，经本人申请，允许延长服役5年，使干部到50岁时退休。这样做，一是有利于仓库工作的连续性，二是有利于干部个人在任职后，消除转业的忧虑，安心本职。另一种设想是，行政领导干部可改做技术干部。如有的仓库主任，到45岁后，不适于继续做领导工作，本人又是仓库管理的“明白人”，经本人申请，可改任专业技术干部改套技术级别、评定技术职称。给干部延长服役年龄，要两头兼顾，做到既对本级有吸引力，又不影响下面的积极性。防止“一人压一串”，稳定上面动摇下面，造成新的干部老化现象和增加新的不稳定因素。当然，如果干部乐意转业，也应“开绿灯”。

四要优惠福利待遇，改善文化生活，使他们感到在仓库工作“有甜头”。一是实行岗位津贴制，给仓库团职领导干部一定的津贴补助。二是对实行以库养库的单位，适当放宽资金的数额。三是认真解决好家属就业、子女入托、上学等问题。特别是子女上学问题，可以到仓库就近的大中城市与学校建立联系点，给些必要的人力物力支持，使学校将仓库的干部子女问题包下来。在子女参军、报考军校方面，驻艰苦地方的干部子女也应适当照顾。四是定期派医疗队下去，给驻艰苦地区的仓库团职干部检查身体、巡诊。每年增加仓库团职干部的疗养名额，并在可能的情况下，驻艰苦地区的仓库团职干部到内地城市游览观光。五是在文化工作方面，多给文体器材方面的政策倾斜，并多多帮助指导。总之，要多做“雪中送炭”的工作，使仓库团职干部感受到上级领导和机关对他们的关注，增强干好工作的事业心和责任感。

总之，在总的干部大政策下，应努力就仓库团职领导干部稳定工作，作些必要的探索。

荣获1991年总后干部工作研究优秀论文奖

新形势下双拥工作应处理好三个关系

核心提示：“军民团结如一人，试看天下谁能敌”。这是毛泽东在《八连颂》中表达对人民群众和子弟兵的深厚情谊，对军民团结高度重视的著名诗句，也是打败美日帝国及蒋家王朝、建立新中国的重要经验概括。随着时代的发展，军政军民团结的光荣传统没有变，但为适应新形势新任务，更好地维护国家、人民利益，不断提高军队战斗力，双拥工作也需不断改进加强。

在大力发展经济的新形势下，双拥工作出现了许多新情况，特别是随着军队战略指导思想的转移和改革开放力度的加大，军地双方都遇到一些现实问题，处理不好就会影响双拥工作的健康发展，甚至带来某些“后遗症”。对此，从军队方面来讲，应注意处理好的三方面关系。

一、处理好无私奉献与有偿支援的关系

拥政爱民，无私奉献精神是我军的光荣传统，它体现了我军全心全意为人民服务的宗旨。在革命战争年代，部队出生入死，为民打天下。实现了这一宗旨，受到了人民群众的拥戴，军民之间建立了深厚的鱼水情谊；在和平时期，部队参与、服务于国家经济建设的大局，担负各种急、难、险、重任务，舍得花人力、物力、财力支援地方经济建设。这个宗旨仍然没有变，军民同样筑起了钢铁长城。但是，由于长期以来部队支援地方的传统做法大都是无偿的，使得相当一部分同志形成了较习惯的思维定势：支援=无偿给予。反过来讲：有偿≠支援，认为有偿与无偿性质不同，有偿与我军宗旨相背离，不利于军政军民关系的发展。受这种思想的支配，有的部队明知部队财力物力承受能力有限，因为怕地方说丢掉了光荣传统，还是硬着头皮搞无偿支援。显然，长此以往，是不利于共建活动深入持久开展的；有的部队虽然接受一定的报酬，但听到“部队怎能挣地方钱?”的议论，内心也感到不是滋味。这就使部队处于一种“不要报酬不行，要报酬也不行”的两难境地。致使有的部队怕影响与地方的感情，采取回避和敬而远之的态度，认为这是一块不可涉足的“禁区”。这种认识上的偏差，在相当程度上，影响双拥工作向深度发展。

对此，部队应采取积极的态度，同地方一起学习和宣传党中央、

国务院关于“军队要积极参加国家和地方重点工程建设，国家和地方应按有关规定给予报酬”等有关指示精神，切实转变思想观念，认清由于当前国家经济还有困难，国防费还不能完全满足部队需要，在相当长的时间里，部队还必须在忍耐中求进取，在许多方面还需要求得地方的大力支援的道理。明确有偿支援，从本质上讲，军地双方利益是一致的。一方面，有利于减轻国家经济负担，弥补国防费的不足；另一方面，有利于部队改善装备和环境，更好地保卫国家安全。明确有偿支援，也是适应社会主义商品经济规律客观要求。如果完全实行无偿支援，就必然回到“一大二公”的老路上去，不利于新时期军地双方的优势互补，也不利于军民共建活动向深层次发展，甚至于得不偿失。因此，不能把“支援”作简单理解。

哪些当有偿，哪些当无偿，什么时候当有偿，什么时候当无偿？应从实际出发，原则上凡开展军民共建精神文明活动，参加地方公益事业、抢险救灾、扶困帮穷、应付突发事件，以及国家、军队要求部队挺身而出的，均应发扬我军光荣传统和大无畏的革命精神，积极为地方排忧解难，乃至献出生命。比如，1991年我国南方遭受特大洪灾时，部队踊跃捐款捐物，并且战斗在抢险救灾的第一线，出现了许多可歌可泣的场面，表现出部队无私奉献的牺牲精神。又如，沈阳军区某团支援沈阳市引水工程建设，义务投入两万多个劳动日。还有的部队舍得投资，帮助贫困地区发展教育事业等等。这些都是值得提倡的。而对其他如参加地方重点或一般工程建设、助民劳动等，只要国家和军队政策允许，可以实行有偿支援的，也应适当的采取有偿支援的办法。

需要注意的是，实行有偿支援要掌握好“度”，不能偏离“支援”的内涵。这里同样也有体现我军的光荣传统问题：要进行优质服务，在以排忧解难为出发点，以增进双方感情为目标的前提下，达到军事经济效益与社会效益的统一。比如吉林省长春市第一面粉厂，有两万斤面粉经多方联系，苦于找不到合适的仓库储存，担心面粉受损。驻地某仓库，得知此事后，发动官兵，加班加点，对仓库进行了清理，用闲置的仓库为他们解决了这个问题，以低于地方同类的物资储存价格收了代储费，并服务热情周到，帮助他们代运代卸，既解决了地方面粉无处“藏身”的燃眉之急，又为他们节省了费用开支，赢得了面粉厂的信任与赞扬。与此同时，部队也获得了经济效益。可见，走无私奉献与有偿支援相结合的道路，是新时期使军地“双方受益，共同发展”的良好途径。

在开展拥政爱民活动中，部队要注意严格区分无偿与有偿两类的不同情况、不同界限，注意防止和克服一切向“钱”看的倾向，防止把商品“等价交换”原则用于拥政爱民，一事当前，先考虑有无好处，有利则干，无利不干或者不真心实意干，防止在选择共建单位时，出现“嫌贫爱富”、“重工轻农”、“舍近求远”等现象，更要防止无原则的与民争利现象发生，要坚决服从和服务于国家经济建设大局，始终坚持全心全意为人民服务的宗旨不动摇，始终保持人民军队的本色不改变。要认真贯彻执行邓小平同志南巡重要谈话和江泽民同志在中央党校讲话的精神，按照“爱人民、学人民、为人民”的总要求，履行好我军的光荣使命。

二、处理好拥政爱民与自身建设的关系

随着双拥工作的深入开展，一些部队由于指导思想上的偏差和对双拥工作的力度把握不准，出现了“过热”和“过冷”两种倾向。“过热”，主要表现在害怕地方说部队双拥工作不积极、不主动。因此军地双方广泛接触，频繁交往，搞大轰隆，影响部队正常教育训练和战备任务的完成。而“过冷”，则表现在怕过多的拥政爱民活动，牵扯部队精力，同时担心地方发展商品经济的消极因素影响官兵思想，弄不好还产生“负效应”。因此双拥活动冷冷清清。造成上述两种倾向的重要原因，是没能正确地处理好开展拥政爱民活动与加强部队自身建设的关系。

如何处理好二者的关系，也是部队普遍关心和争论的热点。有的人主张，部队就是需要“全方位”、“多层次”地与地方建立联系，这样才能适应改革开放的新形势，为地方的物质文明建设与精神文明建设作出较大的贡献；有的人则认为，部队不同于地方，要有高度的组织纪律性，就是需要用特殊的方式进行锻炼，与地方交往过多，过“杂”，容易产生副作用，造成“官不稳，兵难带”，少接触一些有好处。应该承认，这两种观点，都有各自的道理。但是，都有讲“一面理”的倾向，致使双拥活动产生“过激”行为。因此，搞好双拥工作，就要切实领会军民共建的深刻内涵。一方面，开展拥政爱民活

动，是军队义不容辞的责任，部队要着眼于培养广大官兵“爱人民、学人民、为人民”的思想，增强与人民“同呼吸、共命运、心连心”的深厚感情，使广大官兵认清“军队打胜仗，人民是靠山”的道理，满腔热情地关注地方建设，对有利于加快改革开放的事情，主动帮助排忧解难；另一方面，不能忽视搞好军队自身建设，履行好军队的职能，因为，军队自身建设搞好了，战斗力提高了，才能使全国人民集中精力，放心大胆地搞改革、搞建设，“这一条做好了，就是军队对改革开放和现代化建设最大的支持”。这就要求我们努力找准共建的“结合点”，在搞好拥政爱民活动的同时，注意用地方的改革成果教育部队，使部队最大范围地受到地方改革春风的滋润，让官兵增长见识，增强练兵习武，提高自身素质，为改革开放奉献的责任感、使命感，从而更好地提高部队战斗力。如驻沈阳某部队在进行社会主义信念教育时，恰逢国家重点工程建设之一的沈阳北新客站即将竣工，当他们得知车站工程处的同志正在全力进行站前的垃圾清理工作时，他们用实践活动来配合教育，主动派铲车和汽车，并全员出动参加义务劳动，工程处的同志深受感动。在劳动间隙，他们参观了车站的建设规模，听取工程处的同志介绍车站建设情况。官兵们目睹这个目前全国第一大车站的宏伟“蓝图”，颇受感染，不仅对祖国的建设事业充满了信心，而且通过亲身参加劳动，增强了主人翁的责任感，把自己摆进了祖国建设的洪流之中。大家普遍反映，上了一堂“鼓劲课”。又如国防科技大学充分利用自己的专长，把系统工程理论用于首都郊区区域规划，取得了较大成果，被北京市委誉为“军民共建的一项开创性工作”。这既支援了北京的城市建设，也是对自身科研能力的一次锻炼提高。把拥政爱民活动与加强部队自身建设有机地联系起来，有效地克服了拥政爱民活动与部队正常工作的矛盾，取得“一举两得”的效果。

处理好二者的关系应注意防止两种倾向：一种是不注意区分内容，超出部队承受能力，影响部队自身建设。另一种是思想不解放，顾虑重重，把官兵“锁”在范围较小的“安全地带”，信息闭塞，拥政爱民活动放不开手脚，甚至于被动应付。

三、处理好讲感情与讲法制的关系

在大力发展商品经济的新形势下，部队与地方的交往范围明显增大，交往频率明显增高，特别是在经济上的交往与合作明显增多，使军地双方进行共建活动有了更广阔的领域。但与此同时，磕磕碰碰的事儿也不可避免地增加了。有的是野营拉练使用地方或百姓的财产处理不当引起的，有的是车辆事故、房地产归属使用引起的，有的是经济承包、租赁等手续不健全、不完备引起的，有的是不按合同办事引起的，等等。这些问题和矛盾一旦出现，大都感到比较棘手，常常是费时费力，左右为难。据理力争吧，怕地方说不讲军民情谊，伤害了军民感情，更怕招来“与民争利”之嫌，损害部队形象；不据理力争吧，部队的正当权益不能得到应有的保障，甚至部队自身的权益受到地方一些不法分子伤害时，还不能采取保护措施。如何做到既把这些问题处理好，又不伤害军地双方的感情，在实践当中往往不好把握。弄不好就会伤害双方感情，甚至还会引发其他矛盾，对发展军地关系产生很大影响。

显然，之所以没有处理好军地双方的矛盾和纠纷，主要还是没有分清讲感情与讲法制的关系。有的同志觉得讲感情与讲法制不容易分清，认为两者很难达到。要么讲感情，宁愿部队利益受损失；要么讲法制，切实拉下“脸”来。可见，这种讲感情，是一种游离于国家法律之外的感情，它偏离了军民鱼水情谊的真正内涵，这种感情也是缺乏生命力的。其实，讲感情与讲法制二者并不是相互对立的，只要处理得法，是能够将二者统一起来的。事实上，从某种意义上讲，军地双方也正是在不断解决各种矛盾当中，推动双拥工作不断深入发展的。因此，应注意做好以下两点：

第一，应重感情疏通，力争通过协商，达到军民互谅互让。通过感情疏通，不失为解决军地双方纠纷的一种良好途径。因为，在感情上达到“共溶”之后，双方容易互相谅解，互敬互让，出现一些矛盾也容易化解。在长期的革命与建设中，军队和人民结下了深厚的感情。这种真挚的感情是军政军民团结共事的基础。在以经济建设为中心的新的历史时期，我们更要珍视和培养这种感情。一般说来，军地之间发生的问题和纠纷，多属人民内部矛盾，只要双方讲感情，讲友谊，讲风格，是可以通过“团结——协商——团结”的方式妥善解决的。当发生矛盾和纠纷时，作为部队来讲，应该发扬我军的光荣传统，首先严于律己，做团结的模范。要主动与地方领导取得联系，共同研究解决办法。在处理问题过程中，要体现大度、谦让和高姿态，首先检查自身的问题，实事求是地承担责任，防止一时感情用事，壮一时之威，争一时之理而伤了协商的基础。责任属于部队方面的，应该主动作自我批评。采取适当的补偿措施，该赔礼的，主动赔礼；该赔款的，主动赔款。而不是反过来指责地方不宽容，不优待，更要防止出言不逊或动用武力。责任在地方时，也要从团结的愿望出发，进行协商，不能得理不让人，或故意刁难。当纠纷平息后，要积极主动地做好善后工作，本着求大同，存小异的精神，与地方加强联系，填平裂痕，消除隔阂，重新架起友谊的桥梁。平时要教育部队增强纪律观念，自觉维护群众纪律。

第二，协商不能解决的，也要采取诉诸法律的办法，以维护部队的合法权益。遵守国家的法律法令，依法办事，是新时期解决军地纠纷的重要途径之一。对于军地双方通过协商难以妥善解决的，特别是明显涉及到法律的问题，也需要依靠法律来保护自身的合法权益。要改变那种“打官司不光彩”的旧观念。认清通过法律解决纠纷，是澄清是非，从根本上解决问题，也是维护法律尊严，不给不法分子以可乘之机。对贪占部队利益，破坏部队土地、水源、电路等或打骂侮辱军人行为，要及时求得地方政府的支持和保护；对违法犯罪行为，及时交地方司法部门处理；对不履行经济合同，给部队经济带来损失的，要及时起诉。一些单位经验证明，当部队利益受到非法侵害时，或者明显牵到法律的棘手问题，且协商无效，通过“打官司”，不但分清了是非，维护了部队的正当权益，而且军地双方理通气顺，有利于教育官兵和群众，强化以法治国，以法治军观念，有利于军地之间在共同维护法律的基础上增进新的团结，同时也消除了可能产生的后遗症。

1992年8月沈阳市双拥工作理论研讨会交流

对新时期科学规划现代节能型军队医院的几点思考

核心提示： 节能减排是我国贯彻落实科学发展观、构建社会主义和谐社会的重大举措；是建设资源节约、环境友好型社会的必然选择；是推进经济结构调整，转变增长方式的必由之路；是维护中华民族长远利益的必然要求。作为军队医院应积极适应国家发展战略。

随着我国经济的高速发展和人民生活水平的不断提高，人们对医疗保健环境的需求层次也大幅提高，对军队医院特别是驻中心城市的部队总医院的医疗用房、基础设施、环境美化等提出了新的更高的要求。如何在现有条件下实现更新换代、科学规划，向现代节能型医院方向发展，是当前军队医院面临的新课题。本文结合我院“十一五”规划的目标与实践，作一理论探讨。

一、当前部队医院营区规划面临的主要问题

目前，不少部队医院的医疗建筑许多是上世纪七八十年代甚至五六十年代的，随着医疗需求水平的不断提高，加上向地方开放后门诊住院人次大增，已不适应新时期医疗流程的需要，按照现代医院规划建设的标准，还存在这样那样的问题：

(一)功能分区不科学。一是各功能分区不合理。有的划区不明确，医疗区、办公区、生活区、后勤保障区等位置相互交叉，不利于医疗工作和控制感染，不便于行政管理和后勤保障；有的面积比例失调，医疗区比较拥挤，其他区占地较大；有的门诊、病房、医技布局不合理，相关科室布局分散，不符合诊疗流程，一定程度上造成了患者检查难、治疗难。二是建筑密度大，容积率高，绿地少、环境差。许多医院由于营区面积小，为满足基本的医疗、生活和后勤保障需要，建筑面积不断增加，造成容积率很高，绿化面积少，缺乏人性化景观；人员密集和大量汽车尾气使医院周围空气质量较差，热岛效应明显。三是各种流线混乱，道路窄，停车位不够用，交通拥堵不堪，给就医和工作生活带来很大不便。大部分医院的门诊、住院、探视人次远远超出设计流量，医患之间、洁污之间、保障供应等各类流线安排不合理，交叉较多，易造成交叉感染；许多营区缺少足够的停车位，使院

内拥挤不堪。

(二)医疗建筑老化。一是门诊、病房使用时间较长，实际接诊量远超出原设计能力，尤其门诊布局难以适应医疗方式的变革，给患者带来很多不便。二是主要医疗用房普遍老化，许多医院还有上世纪七八十年代甚至五六十年代的建筑，功能不合理、使用不便、消防安全隐患多。三是门诊及病房功能比较单一，不能满足现代诊疗形势，如没有负压病房及配套设施等，增加了患者之间、患者与医护人员之间的交叉感染几率。四是设计不科学，细部处理缺乏人性化，医患人员使用不便。五是没有充分应用节能技术、设备，没有考虑计量设施，不便于成本核算。

(三)能源利用率低。一是节水措施滞后，凝结水、热水管冷却水、雨水未能充分回收使用，没有中水回用系统，重复使用率低，污水处理技术落后，处理能力不足，无法保证出水水质合格，是二次污染的重要隐患。二是供配电系统设备老化，长期满负荷甚至超负荷运行，供电可靠性大幅下降，电能质量与现代化医疗设备需求有差距，一定程度上影响着各类大型及高精尖医疗设备的正常使用。三是供暖监控自动化程度低。目前仍采用人工调节供暖系统，造成供暖控制滞后和不准确，既不能满足正常医疗要求，又浪费能源，而且锅炉废气排放不达标。五是空调系统设备长期满负荷运转，设备老化，损耗较大。六是现有建筑缺少节能措施，大部分建筑均没有节能设计和措施，不适应未来发展需要，保温隔热效果差，部分房间通风采光不好，没有充分利用自然光线和气流，造成能耗大。

部队医院在规划建设方面存在不足的原因主要有：一是营区面积紧张，回旋余地小。全军、武警各总医院、中心医院都在全国大中城市，建院初期一般都位于市区较偏僻的位置，但随着城市范围不断扩大，大部分医院已处于城区比较繁华的地段，在寸土寸金的现在，很难再扩展营区面积。虽然医院诊疗人次大幅增加，需要更多的建设用地，但现实难以满足需求，极大地制约了医院建设和发展。二是经费相对紧张。这些年，各大医院充分发挥和利用自身优势，取得了不错的社会效益和经济效益，医疗收入大幅增加。但由于上级下拨经费不足以维持医院正常运转，而医疗设备的不断更新换代又占用了较大部分医疗收入，因此难以挤出更多资金用于医疗用房和基础设施的建设。

二、对制定部队医院新建规划的几点思考

针对以上问题，搞好营区规划应注重把握以下几方面：

(一)充分认识科学规划的紧迫性和必要性。要从提高卫勤保障能力、部队战斗力和经济社会效益的高度，充分认识部队医院科学规划的重要性和紧迫性。发展才是硬道理，如果医院面对困难停滞不前，就会失去医疗市场竞争力，就会失去在竞争中锻炼自身能力和充实自己实力的大好机遇，对提高卫勤保障能力和部队战斗力也会有较大影响。因此，必须以改革的精神迎接挑战，以科学的精神面对规划。党委要把科学做好规划工作列入重要议事日程，后勤部门应积极给院党委、院首长出主意、提建议、拿措施，组织有关专家、领导和医务人

员进行深入调查和广泛论证，拿出科学的、符合实际情况的营院长远建设规划，可以是五至十年甚至更长。例如，我院为搞好营院规划，邀请清华大学、北京建筑设计研究院、中元国际工程设计研究院等知名设计单位，组织50多名院士、资深教授、高级建筑师、高工等来院考察，为医院规划建设把脉问诊、出谋划策。院部首长、机关职能部门、科室领导、临床医护人员和离退休干部等上百次座谈论证、反复研究，经过十余轮几十个方案的不断修改完善，形成了布局科学、功能合理、符合实际、兼顾发展的新规划，为全院绘出了一份宏伟的建设发展蓝图。对原有落后的营区布局，在5年内规划拆除近5万平方米的病房楼和2万平方米的住宅，3年内新建11.4平方米的外科大楼、3.2万平方米的肿瘤中心，扩建8万平方米的军以上干部病房，为确保正常医疗工作不受影响，整修新建周转用房1.2万平方米。规划全部完成后，地下停车场共可增加车位2280个，形成一环两纵三横的道路布局，交通更加便捷合理。新的规划定位合理、兼顾长远发展，为医院发展描绘了美好前景。

(二)制定规划应注意把握好七个原则。一是科学预测新建规模。各医院发展规模和医院特色的定位，是搞好规划设计的前提。通过反复论证调研，合理定位医院发展需求，既要满足医疗功能的各种需要，又要防止盲目扩大规模。规划设计要以人为本，确保可持续发展。功能分区有机结合，房屋设施分布合理，预留足够发展土地。二是充分发挥集体智慧。要充分调动领导、专家、群众各个层面的积极性，做到人人参与，献计献策。既要满足广大医务人员对现有医疗模式下的建筑需求，又要充分听取专家教授对未来发展方向的指导意见，还要认真采纳设计人员的专业建议。我院在制定规划方案的过程中，召开专家教授、医护人员、设计人员参加的座谈会、交流会、论证会、审图会达一百余次，仅院党委、院办公会专题研究就有30多次，减少了盲目性和随意性，使规划更趋科学、合理。三是合理利用空间。驻市区的部队医院营区面积珍贵有限，发展空间受到一定限制，因此必须充分利用地皮，避免浪费。应坚持"先建周边，再建中间"，这样可以减少城市规划造成的医院利益损失。要充分开发土地资源，合理利用地下空间。在我院规划中，几乎利用了全部可用的地下空间，做到地下空间与全院新建建筑配套，主要建筑物地下设置停车库，到2010年共可增加地下停车位1580个，解决停车位少、交通不便，工作人员车辆与就诊患者车辆争车位的难题。通过合理设置地下车库出入口，使外来车辆直接出入地下停车库并就近停车，避免车辆交通与地面人员休闲争空间，减少拥挤和冲突。这样通过分区规划，形成以拟建办公楼为中心，绿化、喷泉、广场较为和谐的园林格局，实现医疗与环境、人与自然的统一。在拟建办公楼南侧建设以喷泉、雕塑、园林为主体，立体绿化感强的文化休闲活动广场。增加树类品种和彩色植物比例，栽培形状各异的草坪，增加墙面及屋顶绿化，达到美化、亮化、净化效果，使营区"小块成观、大块成景、全院成园"。四是充分考虑交通流线。安全顺畅的交通网络是医院规划必不可少的一环，我院规划中将建成以拟建办公楼(现文化活动中心位置)为中心，贯通东西南北的“一环三横三纵”交通主干网络。地面环线设置为机动车、非机动车和人行道并行的多功能交通干道，“三横三纵”设置为景观路，供行人通行。设置地下管廊，连通主要建筑，上层为综合管廊，下层可供内部人员、配送车辆通行，将地下空间建成集交通、停车、仓储、管网、物流配送于一体的大容量的“地下城”，形成东西南北贯通的整体，为工休人员提供便利的工作生活设施和条件。五是充分考虑配套设施建设。不仅要重视医疗建筑的改扩建，还要根据今后床位规模、建筑面积的增加，科学论证发展需要。尤其水、电、气、暖等基础设施建设和相关设备的使用，在总投资中占较大比例，而且一旦建成改造难度较大，应在满足现有需求的同时，充分考虑以后的增容改造，既要避免能力闲置造成浪费，又要防止预留不足影响医院发展。六是充分考虑长远发展。规划方案尽可能通过招标设计，根据城市发展规划及区域卫生规划要求，结合医院实际，按五年、十年发展计划，更要立足长远发展。在方案筛选中吸取各个方案的优点，反复论证后决策，择优选择。还要充分利用先进节能环保技术，对现有设备进行技术改造。能源利用做到低消耗、高回收，新建住宅小区建成中水处理站，利用回收中水绿化、洗车等，医疗污水处理率达100%，为医院可持续发展创造良好环境，努力建设环保节能的生态型医院。七是充分考虑财力。开源节流，深挖潜力，充分利用各种优势，使用好上级拨款、医疗收入、银行贷款等各种资金。通过科学论证，合理安排经费投入，既要防止盲目上马建设项目，做无米之炊，又要避免经费运用不合理，造成浪费。(三)规划实施应注意处理好四个关系。一是破与立的关系。要敢于破旧立新，在思想上，要破除“头痛医头、脚痛医脚”的临时观念，树立整体规划、分步实施的长远目标。在实施中，要舍得拆除影响规划要求的旧建筑，敢于牺牲局部利益和短期利益，以求赢得整体利益和长远利益。例如我院在规划中，部分老同志对长期工作生活过或是有一定纪念意义的老楼有感情，不愿拆除，经院党委反复权衡利弊，加大宣传解释力度，还是下决心列入拆改计划。二是继承与发扬的关系。各医院营区都有自己发展历史，因此在重新规划建设时，既要尊重原有的建筑特点，合理继承优良传统，又要在充分吸收新观念、新技术，使原有文脉得到更好的继承与发扬。我院在重新审定规划时，以医疗区中50多年来保持完好的花园为中心，分别布置门诊、病房，使医患人员均能感受到我院良好的历史文脉和优良传统。三是总体规划与分步实施的关系。在作总体规划时，既要充分考虑规划的科学合理性，又要考虑规划的可实施性。有时规划看似很完美、分区合理，流线清晰，但由于关键环节缺乏可操作性，因无合适的周转用房导致主要医疗工作停顿，将使整体规划无法实现。应该充分论证，既考虑长远发展，又兼顾现实需要。四是新建、改建与正常医疗工作的关系。由于医疗工作的连续性、特殊性，因此，在规划和实施中应尽可能减少对现有医疗秩序的影响，这既是保持医疗秩序稳定，确保患者安全治疗的需要，也是保证建设资金来源的需要。我院在拆除老外科楼前，利用部分原有旧病房，同时新建部分周转病房，确保了床位和手术室不减少，病房条件和环境质量不降低。同时，医疗部门精心组织，确保搬迁期间正常医疗工作不受影响。

总之，部队医院在新时期、新形势下，必须认真落实科学发展观，科学合理的制定发展和建设规划，才能在医疗体制变革的大潮中立于不败之地。

合作者：孙福礼、王志杰，原载2007年《第十三届全军、武警总医院院务工作学术研讨会论文汇编》并获该届优秀论文。

做好军队物资工作的几点设想

核心提示：1992年，邓小平南巡谈话后，“社会主义市场经济”的提法确立。从计划经济体制向市场经济体制的转变，是一项前无古人的开创性重大变革，不但没有现成的经验可资借鉴，而且由于长期以来受计划经济思想和体制影响，人们的思想观念和行为模式根深蒂固，以全新理念和思路面向市场，从理论和实践上进行研究探索成为现实的迫切需要。

在国家由计划经济体制向市场经济体制的转轨过程中，如何适应这一变化走上健康稳步的发展之路，这是军队物资工作面临的新课题。针对市场经济的特点和军队物资部门的状况，当前应着重解决好以下几个问题。

一、认清“站立点”——正确评估新形势下军队物资工作的地位和作用

首先，从军队物资部门自身的优势看，具备了做好军队物资工作的物质基础和条件。多年来，军队物资部门从人、财、物上积攒了较丰厚的基础；与地方大中型企业建立了比较稳固的关系，开拓了比较稳固的物资资源筹措和销售基地，形成了比较稳固的物资供应渠道和大流通的格局；具有较雄厚的资金实力，库房、货场、专用线、码头、运输工具、装卸设备等，比较齐全；同军内外建立了广泛的物资信息网络，耳目灵敏；培育了大批懂业务、善管理的人才，形成了比较有竞争力的人才阵容等等。这些都是我们面向市场的有力的物质因素，给我们军队物资工作的存在，提供了可能性。

其次，从国家经济规律看，军队物资工作要在国家经济的大局下行动。军队物资工作是国家经济的组成部分，是国家物资工作在军队的延伸，它既不能独立于国家经济之外，也不能由国家经济部门包办代替，而只能由军队物资部门担当此重任。社会主义市场经济不是“无政府经济”，仍然有计划，有国家的宏观调控。特别是国家对国防、军工用主要物资给予重点保障，实行指令性计划，并实行国家指导价格。这就给军队物资工作的存在，提供了必要性。

第三，从军队物资供应的特殊性来看，军队物资部门仍然需要发挥主渠道作用。军队是执行国家特殊任务的武装集团，许多工作需要

具备一定的安全性、保密性。许多特殊任务的物资保障，特别是重要的短缺原材料，还得靠国家进行保护与支持。另外，部队军以下单位目前没有专门的物资机构和专职人员，他们对物资市场不熟悉。为保证质量，及时供应，减少损失和浪费，也需要军队物资部门发挥主渠道作用。当然，军队物资部门的主渠道作用，不像计划经济那样完全靠国家赋予了，而要靠军队物资部门充分发挥主观能动性，积极参与市场竞争，主动争取。

由以上三点可以看出，军队物资工作在市场经济条件下，不但具有存在价值，而且也是可以大有作为的。关键是要在思想上适应市场经济的发展要求，跳出计划经济条件下形成的思想观念上的“误区”，做到“一个吸收、三个转变”。一个吸收，就是要把市场经济几百年间积攒的、被事实证明是全人类共有财富的市场经济理论、规范、操作方法等学习借鉴过来，使认识水平提高到一个新的层次，防止脑筋不换，仍是“新瓶装旧酒”。三个转变，就是要破除“依赖上级分配，按指标供应”的“等、靠、要”思想，树立积极主动走向市场，在市场中夺优势的观念；破除求稳怕乱、太太平平当官，稳稳当当经营的无所作为思想，树立敢为天下先，为官一任，造福一方的观念；破除小富即安，小打小闹的产品经济和小商品经济思想，树立高效益，大市场的观念。

二、抓住“立足点”——
加快由供应保障型向供应经营型的转轨

必须深化改革，转换职能，积极稳妥地把物资职能部门、仓库、

供应站、生产经营实体等机构推向市场，参与市场竞争。要改变单纯的供应保障型的模式，树立靠“经营”而不单纯靠保管，靠资金运动而不光靠实物储存，靠自我开发而不只靠国家“担保”的思想；充分利用军队物资部门的优势，走以经营保供应，以经营促发展，经营与供应有机结合的良性循环之路，尽快与市场机制对接。

一是开发库房、货场，起动流通设备。在市场经济条件下，军队物资部门的库房货场、流通设备等，都是具有可观含金量的“矿石”。我们应该把它作为“物资银行”，大力开发利用，让库房、货场“下蛋”，让流通设备“增值”。要善于筹谋合理的库存，改变过去那种“有比没强”、“多比少好”的封闭式库存观念。对通用物资主要依托市场供应，不宜长期储存。仓库储存什么，储存多少，要根据市场供应情况和部队需要而定。在保证部队供应的前提下，腾出库房对外开放，开展代储业务，提高库房利用率。这样，既减少资金占用，又让库房带来经济效益，避免库存积压造成双重经济损失。与此同时，要把运输、装卸工具利用起来，开展代装、代卸、代运等业务。

二是转换机关业务部门职能。机关业务部门在计划经济条件下，其职能主要是行政性质的，主要负责物资分配，行使管理职能。在市场经济条件下，由于计划分配物资比例只占很少一部分，因此，必须要转换和拓展机关业务部门的职能，要一边抓计划一边抓市场，并把计划物资与市场筹措物资合在一起，在以筹为供、筹为用的同时，增加以筹为“销”的内容和项目，进行经营创收。比如开展物资贸易、有偿服务、代购代销等业务，经营与供应统筹兼顾。经营收入，一部分可作为物资周转金，再进入流通领域，为部队和用户筹措物美价廉的物资；另一部分也可以作为自有资金和留用资金，用于设备维修、扩大流通设备、搞基本建设等，以壮大供应实力，增强发展后劲。

三是加大物资供应协调中心的力度。物资供应协调中心是军队物资部门在计划经济条件下设立的面向市场的窗口。在市场经济条件下，要进一步扩大其经营规模，主要体现以下几点：一是要最大限度地开发资源基地，扩大经营范围，增加经营品种，特别是在筹措本地区市场上的名、优、特产品上下功夫，销出特色；二是要全方位开放，打破系统、地区界限，开展广泛的经济联合与合作，面向全军服务，提高军事经济效益；三是要在尽可能的情况下，在经济发达地区和经济开放地区，如沿海、沿江、沿边等地建立经营网点，加快和带动自身的发展壮大；四是要人员精干，信息灵敏。

四是兴办有发展前途的经济实体。经济实体，是军队物资部门赖以生存和发展壮大的有力后盾，是提高自补能力的有效途径。可以根据本单位经济条件和市场需求情况上项目，项目的规模可大可小。对于小项目，坚持“快投入快产出，少投入多产出”的原则。对有长远发展前途的项目，在充分论证的基础上，要舍得花钱，敢于投资。

三、占领“制高点”——通过发挥经营管理艺术赢得市场主动权

市场经济向人们昭示：谁首先占领市场竞争中的制高点，谁就争

得了主动权。作为军队物资部门要增强责任感、使命感，转变工作作风和工作方法，尽快适应市场经济运行规律。

1. 要在竞争中放下“架子”。过去，物资部门手中掌握着一般用户难以买得到的紧俏资源，常常是用户主动找上门来求援，从而使少数同志滋长了官商作风、“老大”思想。这种作风是与市场经济竞争格格不入的。要赢得部队和用户的信任和好感，必须放下“架子”，与部队和用户平等相处，密切与部队和用户的关系；要从过去的“皇帝女儿不愁嫁”，改变为“俊俏的皇姑也要勤梳妆”，主动走出去，“推销”自己；主动与用户交朋友，找“锅”下米，稳定和开拓军内外物资供应市场，做市场竞争中的“活化分子”。

2. 要在市场中抢到“位子”。抓住在市场竞争中赖以生存和发展的“要素”，这就是资源、用户、信息。因此，一要同有关的地方生产企业(公司)，特别是有较高信誉的大中型骨干企业(公司)建立起长期稳固的互助合作关系，形成庞大的物资筹措资源基地。二要同部队和用户建立广泛的联系。由于军以下部队没有专门的物资机构和物资专业人员，部队的物资需求情况没有专门的反馈渠道，部队自身对物资信息、市场行情、价格因素等也难以有准确掌握，客观上容易使这些部队的物资供应脱离军队物资部门而走向地方市场。因此，需要我们主动做工作。除专门到部队进行调查走访，了解需求外，可利用出差、下部队等时机进行访产问需，及时向部队、用户发布物资资源信息，加强宣传沟通工作。三要重视信息开发利用，使“软件”变成“硬件”。信息的开发利用要体现一个“抢”字。讲究经营策略，很重要一个诀窍就是要领先别人一步，领先一步就意味着成功了一半，而要领先别人一步就得学会“抢”。比如，抢先获得信息，抢先与买方或卖方达成协议，抢先使产品在市场上谋取一席之地等等，要善于预测市场，当市场的“预言家”。

3. 要在经营中创出“牌子”。创“牌子”，是在市场竞争中赢得单位威信，获得较高知名度的重要一环。军队物资部门遍布全国各地，要注意发挥本地的优势，推出有自己特色的“拿手戏”，销出“名气”。比如，地处东北的，这里有丰富的森林资源，又有全国闻名的鞍钢黑色资源，以及沈阳、长春、哈尔滨等重工业城市的国有骨干企业。具有经营木材、钢材、有色、汽车等产品得天独厚的天时地利条件。近几年来，由于我们注意抓这些市场上走俏的“土特产”，增强了市场竞争力，取得了较大的经济效益。除抓“特产”外，还要使服务上档次、增内容。在价格合理、品种对路、规格齐全、质量优良、快速及时，以及承包供应、成套配送上下工夫，并提供产品咨询等服务。做到“价格低、费用省、质量好、效率高、服务周、项目全”，使部队和用户信得过、靠得住、离不开。

4. 在内部管理上闯出“路子”。管理出效益，这已成为人们的共识。在市场竞争激烈的情况下，加强和改善管理更显得重要。要以提高军事经济效益为中心，组织好机构、调配好人员，协调好关系，解决好矛盾，在现有人员编制体制下，发挥出最佳的管理效能。在机构设置上，要从实际出发，按需设置，活化机构。比如，有的站库为提高工作效率，将原业务处分成两个工作部门，两班人马，一个只搞储存和运输，另一个专管流通。这样既保留了原业务处的职能，又使分工更明确，有利于加强管理和提高经济效益。在人员使用上，要向一线倾斜，增加一线人员，减少二线人员。要坚持以提高物资供应保障力为标准，选贤任能。坚持用人讲本事，真正体现能者上、平者让、庸者下的原则。特别是大胆起用有能力、有毛病、有争议的人。在分配制度上，要体现差别。既不搞分配差距拉得很大，也不搞平均主义、“大锅饭”。对直接产生经济效益的业务人员，实行奖效挂钩；对间接创造效益的行政、政工人员，与完成任务挂钩，收入不低于业务人员的平均收入。在管理手段上要灵活多样，采取政治的、行政的、经济的、法律的等多种手段并用。适时引入竞争、激励、约束等机制。如对经济实体，可进行内部招标，实行承包责任制。对有经营性质的单位，下放权力，实行费用包干等等。

四、不忘“基本点”——坚持人民军队的性质和宗旨不动摇

要处理好讲经济效益与讲军事效益的关系。讲经济效益与讲军事效益，是做好军事经济工作的两个方面。两者是相辅相成、辩证统一的关系。只讲经济效益，不讲军事效益，军事经济工作就失去了方向和目标；反之，只讲军事效益，不讲经济效益，军事经济工作就失去了物质基础和发展后劲。因此，要在坚持为部队服务第一的思想指导下，两个效益一起抓。一是在对外经营上，要以不影响对部队和用户

的供应保障为前提。不能为搞生产经营多挣钱，淡化了为部队服务保障意识。防止把增收与服务，经营与保障对立起来，变成单纯追求经济效益的现象。二是在对内服务上要把握有偿服务的“度”。在供应价格上，要坚持做到“低于市场，适当补贴”的原则，给部队和用户以优惠，绝不能以盈利为目的，大利大干，小利小干，无利不干。在特殊情况下，为部队建设需要，即使自身亏损，也要保障好供应好。三是在服务方式和手段上，要继续坚持“全天候”、“全方位、“全过程”、“六代三方便”等服务传统，继续发扬不辞辛苦、不畏困难、不怕麻烦地为部队用户服务的作风。做到想用户之所想，急用户之所急，帮用户之所需。

要处理好抓经营创收与抓思想政治工作的关系。市场放开，给物资部门思想教育、管理工作和廉政建设带来更大的难度，提出了更高的要求。军队物资部门要始终保持清醒头脑，做到抓业务工作，不忘抓思想工作。一方面要从思想教育入手，抓好党的政策法规学习，进行集体主义、爱国主义、光荣传统和职业道德等教育，使人们严格按国家和军队的有关政策法规办事，自觉用政策法规约束部队。在经营活动中坚持公平竞争，以信誉和经营艺术取胜，不搞歪门邪道。做到不违法、不造假，不做政策纪律不允许的事，不搞假冒伪劣产品坑害人民群众。另一方面要从经济、政治、法律等入手，健全监督机制。充分发挥组织监督、行政监督和群众监督的作用，遏制腐败思想和不良行为，防止损公肥私、以权谋私、行贿受贿、贪污私分、敲诈勒索、奢侈浪费等违法违纪问题的发生。

要处理好全局利益与局部利益的关系。面向市场，军队物资部门之间，以及各军队物资部门的所属经营单位之间，在市场竞争中，或多或少有利益关系问题，出现了相互竞争的现象。这种竞争，应该建立在共同发展的基础上，各自发挥自己的优势，充分开发市场。实践证明，单个的军队物资部门在市场中的竞争能力是有限的，只有联合起来，加强合作，才能发挥出整体优势，实现利益共享。因此，要本着“平等、互利、分工、合作”的原则，把局部利益融入全局利益中，形成军队物资集团，才能真正实现物资供应保障有力的要求。

合作者：张大金，原载《社会主义市场经济与军队物资油料工作》一书，八一出版社，1992年，王琰主编。

适应市场经济新体制
努力实现“保障有力”要求

核心提示：随着国家由计划经济向市场经济的加速转换，军队物资工作开始由指令性计划向市场经济过渡，许多大宗物资国家下达计划减少，有的已经取消计划，全部推向市场。军队物资工作要有所作为，也必须从思想观念、能力素质和工作方式等方面“脱胎换骨”，“全方位”地进入市场。

面对国家计划经济体制向市场经济体制的加速转换，军队物资工作必须要适应这个大环境的转变，适应市场经济新体制的新要求，努力在转变思想观念、增长实践才干和探索新的工作模式上求突破，从而实现“保障有力”要求。

一、思想观念上要切实进入“市场”

适应市场经济，必须首先转变传统观念。过去，许多单位受计划经济模式的影响颇深，思想观念上仍是抱残守缺，习惯于向上伸手、按部就班、平平安安。现在，计划经济模式打破了，新旧观念产生了强烈的碰撞，部分同志仍留恋计划经济的“好处”，而对市场经济条件下的竞争意识、风险意识、效益观念、信息观念等等，还感到有些陌生，思维的“敏感度”，还不太适应瞬息变化的市场经济要求。因此，要适应市场经济发展，思想上必须先换脑筋。要破除“依赖上级分配，按指标供应”的“等、靠、要”思想，树立积极主动参与市场竞争，开拓创新，在竞争中夺优势、占鳌头的观念；破除“求稳怕乱”、“太太平平当官，稳稳当当经营”的保守主义、无所作为思想，树立“敢为天下先”、“大胆试，勇敢闯”，为官一任，造福一方，在改革创新中求发展的观念；破除“小富即安、小打小闹”的产品经济和小商品经济封闭、自满思想，树立高效益、大市场的观念。

二、实践上要积极学习“市场”

市场经济是一门科学，具有自身的规律和特点，“技术性”很强，“学问”很深。因此，从事物资供应和生产经营的同志，要想驾驭市场，必须要深入市场，老老实实地到市场中去学习。一要学好邓小平同志建设有中国特色社会主义理论，学好发展社会主义市场经济理论，用以指导物资供应和生产经营工作，尤其要学习邓小平同志的科学态度和创造精神，培养敏锐的观察问题和分析问题能力。二要学好经营之道，有“经济头脑”，当市场的“明白人”。要懂得物资市场运行规律，会看“行情”，善于预测各种物资在市场中的供应变化趋势，并迅速制定筹措物资方案。要善于洞察用户购买心理，熟悉用户购买方式，以便“对症下药”，掌握市场的主动权。要在实践中培养多种能力，如组织协调能力、应变能力、办事能力、公关能力等。三要学好有关政策法规。做到依法办事，会用法律保护部队合法权益，保证军事经济工作按照党和国家的方针政策以及军队法规的要求运行。

三、工作方式上要努力适应“市场”

像过去那样坐等用户上门，按照“计划”指挥的工作作风，已不适应市场经济要求了，面对市场经济新形势，军队物资工作必须来一个彻底的转变，由传统的封闭型，向开放型转变；由单一的供应型，向供应经营型转变。要改变过去当“座上宾”的角色，对待用户放下架子；面向市场迈开步子；工作落实扑下身子。坚持“走出门采购、找上门服务、敞开门销售”。通过转变工作方式，建立较强的市场物资筹措网，在纵向上沟通供销渠道，筹措“紧俏”、物美价廉物资，以赢得用户，服务部队。同时，要加强和改进思想政治工作，使官兵发扬奉献精神，养成积极进取、不辞辛苦、雷厉风行的良好作风，做到“在接受任务时不摇头，在遇到困难时不低头，在个人待遇面前不伸头”，坚决抵制本位主义、个人主义、拜金主义等消极因素侵蚀和影响。总之，思想要解放，作风要优良，工作要创新，以实现保障有力的要求。

原载《军队物资》1993年第4期，收入本书时部分文字修改。

谨防上当

核心提示：经济行为，要按经济规律办事。由计划经济向市场经济转轨过程中，人们的思想意识和行为习惯还停留在计划经济时代，市场经济体制尚不完善。我国合同制度的立法，也经历了长期的历史发展过程，先后颁布实施了《经济合同法》、《涉外经济合同法》、《技术合同法》及《民法通则》，三部合同法都有计划经济的色彩。1999年颁布和施行了《中华人民共和国合同法》。

近三年来，某部先后在军队和地方起诉、应诉经济纠纷案件16起，标的总额达500万元。从案件的审理分析看，这些问题带有一定的普遍性，必须引起注意，并加以解决。

存在的问题：

——以口头协定代替经济合同。不少从事生产经营活动的人没有养成签订合同的习惯，往往从善良的愿望出发，凭感情用事，过分相信对方的所谓“承诺”和“保证”；有的不给钱就发货，有的不见货就付款。特别是还有的因为是老熟人、老朋友，在经济交往中不签书面合同，搞口头协议、君子协定。当出现经济纠纷，非经法律手段不能解决时，才知空口无凭。

——对经营对象缺乏了解。在与对方进行经济往来时，对其资信情况心中无数，有的凭来头、看派头办事。实际上有的企业牌子很大，但实际并无经济实力；有的名为全民实为挂靠的个体企业：有的虽是全民企业，实为个人承包经营；有的企业是“皮包公司”借鸡下蛋，用别人的钱和物做买卖，挣钱是自己的，赔本是别人的，诉诸法律后，往往出现要钱没有，要命有一条的局面合同签订不严密、不规范、不合法。有的由于对合同的基本常识缺乏必要的了解；所签合同缺乏应有的要素，内容简单，对方的权利义务不明确，大多缺少违约责任和合同变更、终止等有关条款；有的合同由于主体资格不合法，被法院判为无效合同；有的合同内容与法律、法规相冲突，其利益得不到应有保护；有的为外单位签订合同，代开企业信、代盖公章，出现纠纷后，负有连带责任。

——解决纠纷不及时。在合同履行过程中，当对方违约时，不能及时运用法律武器保护自己的利益，有的工作责任心不强，办理拖拉；有的怕伤了感情，断了来往，结果久拖不决，错过诉讼时效；有的形成“呆账”、“死账”，给国家和部队造成不应有的经济损失。

解决问题的办法：

——提高依据经济合同规范经济活动的法律意识。要教育业务人员养成依法经营的习惯，一切经济活动都必须签订经济合同，并且做到合同严谨、合法、规范。在合同内容上要完整、明确、具体。要特别注意标的物的质量要求，验收标准是否具有合法经营权。签订合同时要为可能出现的经济纠纷作准备。合同履行要严肃，不得随意以口头或者行为变更合同。当对方违约时，要及时用书面等可供查询的方式与对方取得联系，力争协商解决，协商无效时，要及时运用法律武器保护自己的利益。

——要进行对经营对象的资信审查。在签订经济合同前，要对经营对象的法人地位、签约人的代表资格、企业信誉和履约能力等情况进行详细审查。对一些重大的经营项目，还要了解对方的隶属关系、经济机构、经营方式、业务范围、固定资产和流动资产等，确切掌握其资信和经营情况。对一时难以查清的重大问题，可派人到其上级主管部门、工商行政管理机构、银行及税务部门进行查询，必要时可请公证机关公证，对有一定风险的经营项目可采取保人签约办法。

——建立健全经济合同的日常管理制度。要严格签订合同的审批程序和必要手续。合同管理部门要对合同的公正性、合法性进行审查，对合同的主体资格、对方的履约能力及合同的内容进行重点把关。合同批准成立后，还要对合同的履行实施监督。

——妥善处理现行的和历史遗留的经济问题。要明确分工、落实责任，加强对业务人员的思想政治教育，无论是否自己经手，还是历史遗留的经济问题，都要当成自己分内的事，树立主人翁的使命感和责任感。有关部门要对所有债权进行一次认真清理，明确分工，责任到人，限期解决。属于诈骗性质的，应按刑事诉讼程序向司法机关控告；属于经济纠纷而经协商解决无效的，应按民事诉讼程序向法院起诉。

合作者：褚褐鹏，原载《后勤》1997年第5期。

市场经济条件下军队物资筹供中廉政建设面临的新问题及对策

核心提示： 国家由计划经济向市场经济转轨，军队物资筹供适应这一大局，也由单纯的市场供应，变为面向社会和市场。市场经济条件出现了许多新情况、新问题，给军队物资筹供中的廉政建设带来新的挑战。有效地给筹供关键环节加装“防护网”，成为现实需要。

随着国家市场经济体制的建立，军队物资供应已从单纯的计划供应，变为面向社会和市场，进行“全方位”筹措供销的格局。这种筹供保障方式的转换，给物资系统带来了许多新情况新问题：

一是经常外出人员多。计划经济时期，军队物资单位主要靠国家指令性计划行使物资供应和管理职能，对上要计划指标，对下按计划分配，人员外出不多。面向市场后，打破了这种“米等下锅”的状况，业务人员必须主动走出去，了解需求，掌握信息，以获得市场竞争中的一席之地。外出人员明显增多，业务部门每年人均出差在3个月以上。这些同志接受教育的机会少，受组织纪律的约束少，而且出差地点天南海北，容易放松自我要求，受到“酒绿灯红”的影响和诱惑，如果失去警惕性和自制力，就会“一失足成千古恨”。

二是单独从事筹供活动多。由于工作性质的要求及人员编制所限，业务人员多是各把一摊或几摊，催货、发货、洽谈生意等活动经常是一对一地进行，每项经济活动，难以形成自始至终的监督。加上市场经济运行机制尚不健全，经济交往手段多，容易出现假公济私，损公肥私和私收回扣、好处费等问题。

三是采用经济手段管理多。在计划经济条件下，对人员的管理主要靠行政手段和思想工作。进入市场经济后，注意按市场经济规律办事，把承包、奖金等经济手段引入管理中。凡从事经济活动的单位，一般都与经济利益挂钩。这对增强官兵职工的责任心，提高军事经济效益起到较好的作用。但也使部分人员产生重利轻义的思想，艰苦奋斗和奉献意识淡化，出现向钱看、追求物质利益的思想倾向。

四是对外交往应酬多。军队物资单位对外开放，从事经营活动的地方业务员、经理、甚至个体户等经常出入营门，招待应酬、陪吃陪喝司空见惯，容易受庸俗关系的影响，淡化军人意识和政策纪律观念。正像有的同志说的，“酒杯一端，政策放宽”。特别是与有些“大款”接触，使官兵利益观念受到冲击，容易出现单纯追求物质利益和贪图享乐的问题，以致诱发经济犯罪。

针对上述情况，物资单位必须始终把廉政建设摆在突出位置，保证物资筹供的健康发展和全体人员思想道德纯洁。

坚持不懈地抓好廉政教育，营造“守规矩”的良好环境。一是利用党课形式定期抓。针对物资筹供人员90%以上是党员的情况，要以党课形式认真抓好党员教育。在党课安排上，加大有关廉政方面的内容，把政策纪律教育、职业道德教育、有关党纪条规和法律常识教育突显出来。在时间方法上，每年应由党委领导主讲一两次质量较高的大课，各支部组织一两次针对性较强的小课，不断强化党员的党性观念和自我约束能力。二是运用正反典型经常抓。要在认真组织学习全国全军先进典型的同时，注重用身边的人和事教育身边人，让“墙内之花香起来”，号召大家见贤思齐。对领导机关下发的案件通报及《党风党纪情况》、《党纪工作通讯》、《警钟与思考》、《廉洁人生路》等文件材料，组织大家及时阅读，认真剖析反面典型，从中吸取教训。

把好物资筹供中的“进出口关”，从管理机制上堵塞漏洞。首先，把住筹措“入口关”，保证在物资筹措过程中不发生“越轨”行为。一是精选供货单位。少数乡镇企业，个体、私营公司，常常采取“灵活多变"的促销手段。与其“打交道”，不仅经济上容易上当受骗，而且也容易使物资筹措人员发生吃“回扣”拿“好处费”等问题。因此，要始终坚持走物资筹措的“主渠道”，与国家大中型企业、公司建立相对稳定的供货渠道。二是要货比三家，坚持每次订货前进行充分论证。在订货程序上，先由助理员与供货单位草签合同，然后由领导审查把关，再正式签订，确保订货质优价廉。三是对物资资金的投向实行严格的报批手续。尤其注意搞好监督审计，以防止资金使用不当和上当受骗等问题发生。其次，把住供销“出口关”。一是实行物资询定价制度。采取每10天定一次供销最低价的办法，每一品种的价格根据市场行情而定，特别情况及时调整。在供销时，要求价格只能上浮不能下浮，凡低于最低供销价格的，要经领导批准。从价格上有效地控制凭关系让利个人吃“回扣”的现象。二是实行物资供销公开制度。实行品种、数量、价格、去向“四个公开”，使供销人员之间打破“各自为战”的封闭状态，什么品种卖什么价，什么厂家什么质量，大家心中都有个“谱”，可以相互监督，防止个人背后搞“小动作”。三是严禁进行物资赊销。物资赊销在当前法律尚不健全的情况下，容易造成难以挽回的经济损失，还会为个人从中捞取好处提供条件。

加强对物资筹供的检查监督，保证各项制度落实到位。一是加强业务部门的自身监督。对物资筹供中的廉政情况，业务部门要采取个人自查，同志之间互查和部门领导检查的办法进行。一般每季度应进行一次普遍检查，看在物资筹供中，有无违犯制度规定问题。平时根据工作需要，有重点、有针对性地进行个别抽查。凡集体参加大型订货会、业务会回来后，党支部要围绕订货会的有关情况召开一次民主生活会，开展批评与自我批评，对廉政情况进行总结讲评。通过定期和不定期的检查，及时发现和纠正问题，强化大家落实制度、遵章守纪的自觉性。二是加强政治机关和纪委职能监督。政治机关和纪委要与直属单位、用户特别是经常发生业务往来关系的单位建立信息交流联系，每年向重点用户发信函，了解物资筹供人员有无利用职权吃、拿、卡、要，不给好处不办事，给了好处乱办事等现象。对全国性的订货会，政治机关和纪委也要根据情况派人参加，实行现场监督。使物资筹供人员感到，尽管业务往来是对外的，但仍然在组织的管理监督之中，进而克服侥幸心理，严守规矩。三是领导要加强跟踪监督。有关领导除平时利用出差、下部队、节日走访等时机，对重点用户征求意见，听取反映外，凡大型订货会、业务洽谈会、物资分配调剂会等，都要亲临一线，督促物资筹供人员遵纪守法。

原载总后勤部《后勤政治工作》1997年第17期

纪委强化监督功能三策

核心提示：“打铁先得自身硬”。加强执纪队伍自身建设是提升执纪水平质量的一个“金标准”。纪委履行好监督职能的途径很多，其中有三个关节点：强化监督意识，提高监督素质和完善监督机制。

军队物资单位担负着我军的物资供应保障任务，所属人员经常与钱物打交道。这种特殊的客观环境，给物资单位的廉政建设造成了更大的难度，提出了更高的要求。研究如何强化军队物资单位纪委的监督功能，对于搞好部队物资单位廉政建设具有重要意义。

一、增强监督意识

增强监督意识，是充分发挥纪委监督功能的前提。从目前情况看，在一定程度上还存在监督弱化现象：一是“站得上位，排不上队”。多数单位纪委都把监督工作列入重要议事日程，年初有计划，有安排，由于纪委委员任职较多，精力有限，且都是做兼职纪检工作，因此，在履行本职工作的同时，难以有充分的时间保证监督工作计划的完全落实。二是思想认识不足。认为物资单位尽管人员常与钱物接触，但单位人员不多，而且上有党委抓，下有支部管，还有行政领导，一级对一级的负责，每个同志的一举一动，一言一行，都在领导和群众的“眼皮底下”，在各级组织的监督体系中，纪委单独实施监督的作用不明显。三是怕得罪人。特别是物资单位的人员，工作相对比较稳定，内外交往较多，人际关系也比较复杂，有的同志担心揭露问题对自己不利。基于上述原因出现纪委抓监督不够的现象。解决这个问题，关键是要增强纪委的监督意识。

首先，充分认识纪委行使监督功能的地位和作用，增强监督的紧迫感、使命感。物资单位的廉政建设，是上上下下都比较关注的“热点”。应该说，多数单位从党委到各党支部都认真抓学习教育，各级领导以身作则，言传身教。这些对于抓好廉政建设起到了很好的作用，也给纪委抓好监督工作提供了有利的条件。但是由于纪委的特殊地位和职能作用，各级党组织是无法代替的，尤其是在改革开放的新形势下，军队物资单位实行内部经济核算，在完成军内用户物资供应保障任务的同时，还开展经营创收。这样就加强了与地方经营单位的经济联系，军队物资工作人员时刻面临着商品交换意识的考验，一些人为给个人或单位谋利益，以“投桃”，求“报李”，采取佣金、回扣、赠礼，甚至女色等多种花招来拉拢腐蚀部队干部。如果在这些环境中，有纪委实施有力的监督，就会使我们的党员干部不犯或少犯错误。否则，就不利于有效地防止和制止违纪行为。因此，需要纪委增强监督的紧迫感、使命感，当好“霓虹灯下的哨兵”。

其次，纪委书记、副书记要给委员撑腰。纪委书记、副书记，不但要自己腰杆直，大胆监督全体党员，而且要充分发挥委员的作用，调动他们的积极性，如经常找他们谈话，了解情况，派他们参加业务订货会等等，并且认真听取和采纳他们正确的意见和建议。当他们遇到挫折和受到打击等不公待遇时，要替他们说话，为他们当后盾。这样，各委员才能把兼职工作当本职工作来做。

第三，要秉公办事，不怕得罪人。得罪人与不得罪人只是相对而言的。不得罪少数犯错误的人，就要得罪大多数有正义感的人。倘若对犯错误的人，不提醒。不劝告、不追究、不制止，他不仅损害党的事业，也害了犯错误的人。相信大多数都有一定的觉悟，即便一时不理解，过一段时间，思想通了，也会理解。

二、提高监督素质

提高监督的素质，当监督的“明白人”是充分发挥纪委监督功能的关键。纪委成员如何解决兼职矛盾，保质保量富有成效地做好监督工作呢?

一要善于学习。要学习有关物资工作方面的方针政策、规章制度、党规党纪，这是实施监督的重要依据和基础。近年来，军委、总部有关物资工作的方针政策和规章制度不少，各单位结合实际也制订了不少规章制度，贯穿于物资的组织计划、物资订货、合同执行、物资保管保养、调拨供应、调剂串换、物资运输、财务结算等各个环节之中。如果纪委能对这些环节中的方针政策，规章制度了如指掌，监督工作就容易深入开展。当然，由于这些环节中的业务性能比较强，要全部都学不可能，但是作为纪委委员，起码要了解与自己工作直接相关的法规，充当内行，监督到点子上。对上级下发的新规定新政策，要及时组织学习。为提高整体水平，交流工作经验，也可采取每年一次的培训、轮训、以会代训等方式方法，集中学习，更提倡个人平时结合实际进行自学。

二要明确职责。纪委委员来自各个业务部门及独立单位，有财务、材料、加工、机电及物资站、库等，对本部门、本单位的业务情况、人员素质情况比较熟悉。因此纪委要发挥各自的长处，明确分工，各委员要重点负责监督所在部门或单位的廉政情况，以增强监督的针对性。

三要抓住重点。监督的对象，以党员领导干部为重点，因为领导干部比一般干部权力大，而且有一定的影响力，是连接上下关系的纽带。抓住这些人，就会带动一批人，监督的内容，以保持廉洁为重点，对个别容易发生问题的单位和个人也要抓住不放。只要抓住了重点，就会掌握监督的主动权。

四要掌握实情。要把监督工作渗透到业务工作中去，力图做到掌握情况深一些，心中底数大一些，分析问题透一些，提出建议准一些。对所属用户要定期进行走访调查，专门了解廉政情况，征求廉政意见，分析廉政形势；要参加业务部门订货会和计划分配会，进行面对面监督；也可以建立廉政信息网，如某部在用户当中聘请廉政监督员，主动请用户当廉政的“裁判员”，监督所属人员在业务往来中的廉政情况，对纪委掌握真实情况都是有益的。

三、完善监督机制

完善监督机制，使监督经常化、制度化，是充分发挥纪委监督功能的保证。笔者认为要建立和完善以下制度：

1. 调查访问制度。纪委每半年对有关重点户进行一次走访调查，了解本单位党员干部的廉政情况。用户较近的，由纪委书记或副书记带队，直接到用户；用户较远的可以通过发函，了解情况。主要了解：(1)有无利用职权索要物品，收受礼品，私买公报等现象；(2)有无利用工作之便为亲友办私事现象；(3)有无大吃大喝，游山玩水，生活不检点等现象；(4)有无工作作风不实，办事拖拉，刁难用户，摆官架子等现象；(5)其他有关方面的问题。调查结束后，将情况向党委报告，并向全体党员干部公布，表扬好的，批评差的，对违反纪律的要严肃查处。

2. 定期检查制度。主要检查廉政制度的落实情况。多数单位都制订了廉政的具体制度，如某物资单位根据上级精神，结合本单位实际制订了物资供应的“五公开一审批制度”，即物资供应品种数量公开，价格公开，保障重点公开，物资的分配原则与程序公开，分配方案公开；对临时申请物资，严格审批手续，数额小的由主管首长批准，数额较大的党委由集体决定。非供单位求援，实行首长集体研究拍板，一般情况不给计划内价格物资。在发展横向联系和生产经营方面，制订了“八不准”制度，即不准个人单独与地方谈经营；不准在家里谈业务；不准爱人子女干预工作；不准物权交易，以物为家属亲友的升学、就业、调动、提升等谋好处；不准物钱交易，以出售计划内物资，为本单位或个人谋取“回扣”、好处费；不准物情交易，以计划内物资徇私情为单位或个人换取生活消费品等等。但有了好的制度还不够，还需要纪委参与监督，让制度充分发挥作用。纪委要结合半年工作总结，对这些制度的落实情况进行一次检查、总结，看看哪些制度落实了，哪些制度没落实，存在什么问题，提出意见，督促落实。

3. 报告工作制度。根据业务部门经常出差的特点，要求出差人员，特别是出差时间较长的同志，回来后不但汇报工作，还要汇报思想和廉政情况，以强化党员公出的守纪观念。要求各支部掌握情况，在年终总结时，把廉政情况作为一个专题总结，向纪委作出报告。

4. 讲评、奖惩制度。每季度各支部对所属人员的廉政情况进行一次检查、分析，评出好人好事，找出问题和不良倾向，由纪委书记或副书记在党员大会上进行讲评。对普遍性问题发动党员进行专题讨论，对个别人的问题党组织进行个别教育。结合半年或年终总结，要对表现突出的给予表彰奖励，对有问题的给予批评教育，问题严重的要严肃处理。

5. 廉政形势分析制度。每季度召开一次纪委会，纪委委员分别汇报所负责监督的部门或单位的廉政状况，然后大家一起“会诊”，分析人员的思想动态、不良倾向、违纪苗头，找出薄弱环节，共同开“药方”，以便增强纪委工作的主动性、预见性，及时发现问题，解决问题。

6. 群众评议制度。抓廉政建设，很重要的一条途径，就是有群众的参与。这样纪委才能“耳聪目明”，监督才更有制约力、推动力。要把有利于群众实施监督的政策制度公之于众。定期或不定期向群众发《党员领导干部(或一般干部)康政情况测评表》，把制度、规章、准则等有关内容，分列若干条款，并给出表现好、中、差的应得分数，采取无记名打分的办法，对表中所列人员逐项进行评价、估量，然后按得分高低排出名次，视情况在一定范围内公布并且将测评结果同干部任免调配挂钩，作为干部晋升使用的重要依据之一，分数较低的，不能晋升；有问题的，要认真查处。群众的眼睛是把尺子，测评分数在一定程度上反映群众对干部的廉政评价，认真对待群众的评价结果，相信分数低的同志会有所醒悟，有所触动。

原载《军队物资》1992年第5期

做好政治统计工作要努力做到“三性”

核心提示：简单工作“不简单”。政治统计本身看似小事，其实如果运用得当可以发挥大效益。这就是善于把定量分析与定性分析相结合、逻辑分析与历史考察相结合、规范分析与实证分析相结合，透过数字看变化、查问题、找规律，从理论与实践上发挥出其在政治工作和基层建设中的指导作用。

如何准确、及时、完整地做好政治统计工作，提高政治统计工作的质量和效率，充分发挥其在基层工作中的指导作用，是政治统计工作的重要任务之一。

一、要增强做好政治统计工作的责任感，保证政治统计的准确性

正确的结论来源于真实可靠的情况和准确的分析判断，符合实际情况的政治统计数字，才能真正起到它的指导作用，这是领导机关作出正确决策的前提和保证。反之，不真实的政治统计，不但不能反映部队真实情况，还有可能给部队建设带来损失。有的单位由于人员编制少，在政治统计工作量上和难度上，比人员多的单位要小，客观上容易使做政治统计工作的同志，产生轻视这项工作的思想，认为政治统计是“小菜一盘”，甚至认为统计多一个、少一个无关大局，往往在平时的工作中“站不上位”、“排不上队”。其实恰恰相反，越是人员少，用数字反映部队情况就越“珍贵”，对政治统计的准确率要求更高。因此，做政治统计工作的同志，要有较强的责任感，充分认识做好政治统计工作，对上级机关正确决策和指导本单位工作的重要意义。要热爱政治统计工作，克服那种把政治统计工作，看作是“摆摆数字”、“填填表格”的“雕虫小技”等错误认识，防止出现“七分统计，三分估计”，应付差事的现象。要建立较详细的政治统计基础资料，政治统计工作看起来比较容易，但要真正把统计搞准确，做到不重不漏不错，也不容易。除了要学习弄懂政治统计工作有关的具体规定外，还必须根据本单位的具体情况，建立较详尽的基础性统计资料。比如现有人员花名册、人员增减登记表、奖惩登记表等等，这样，才能做到“磨刀不误砍柴工”，为准确的统计打下了良好的基础。要经常与干部、军务等有关同志取得联系，既了解有关人员数量变化的情况，也要了解有关人员质量变化的情况，做到对政治统计有关情况心中有数，这样，才能对政治统计数据进

行去粗取精、去伪存真、由此及彼、由表及里的分析研究，才能发现问题的关键环节，提出解决问题的正确意见。

二、要善于把政治统计工作与其它有关业务工作结合起来，提高政治统计工作的及时性

政治统计工作，表面看是一项季节性的、阶段性的工作，每半年进行一次。其实，它也是一项经常性的、连续性的工作，而且大都是兼职搞统计工作。因此，要善于把完成政治统计工作与完成其他业务工作有机地结合起来，做好经常性的统计工作。要充分利用兼职多、了解掌握情况多的优势，一项工作结束之后，要及时将有关统计数据整理清楚，并及时填入政治统计表之中。除此之外，还要利用出差、下部队等时机，了解所属单位的有关情况，随时调整有关统计数据，充实统计资料。这样，在领导需要有关数字和情况时，能够准确、及时地提供出来，到了统一上报时，也能比较准确、迅速地交出“合格的答卷”。

三、要注重培养从微小的数字变化发现倾向性问题的能力，增强政治统计工作的指导性

从一定意义上讲，政治统计工作是一门实用性很强的工作，不是可有可无的，更不是保险柜里的“摆设”。要注意运用政治统计，发现部队建设中的问题，发挥它在部队建设中的“参谋”作用。尤其是

人员流动性小的单位，如果不注意对政治统计资料进行分析研究，就不易通过数字发现部队的倾向性问题，也容易使做政治统计工作的同志忽视利用政治统计给领导当参谋。因此，必须树立运用政治统计分析指导部队实践的思想。不能轻易放过微小的数字变化，注重培养“以小见大”的能力。比如，某单位在年底政治统计当中，发现所属一个单位的发展党员数量明显增多，而且在发展党员中四年度兵的比例偏大。经过了解，发现这个单位不大注意在二、三年度兵中发展党员，有的新发展的党员，立刻就面临着去留问题。部分预备党员因工作需要，不得不退出现役，使部队的党员队伍不够稳定。发现并指出这一问题后，及时对工作进行了调整，克服了这种倾向。再比如，某单位在去年的政治统计分析中，发现所属单位的奖励比例有逐年上升的趋势，从奖励过后部队的反映情况看，也没有产生应有的效果。这个单位通过对近几年奖励工作的深入分析，发现除了近几年受社会上不正之风的影响，少数同志淡化了荣誉观念之外，在奖励标准、奖励范围、奖励方法等方面，还存在薄弱环节，特别是与不断发展变化的形势和人们的思想观念变化还有不相适应的地方。因此，在新年度政治工作安排中，有针对性地提出了改进奖励办法的内容，并在部队中进行了广泛深入的调查研究，认真听取大家对改进奖励办法的意见，及时制定了新的奖励办法。可见，如果没有对统计数字进行认真的分析，就不会发现工作中存在的问题，也就不会充分发挥政治统计为部队建设服务的功能。当然，也要克服只看数字，不作深入细致的原因分析，就数字论数字的做法。

原载总后勤部《组织工作》1993年第6期，收入本书时部分修改。

创建一流现代化研究型医院后勤的路径探讨

核心提示： 随着人们对医疗保健质量需求的日益提高，已经由传统意义的单纯追求医疗技术水平，向同时追求环境优美典雅，住宿、饮食、娱乐等配套设施低碳环保、温馨宜人、高效便捷转变，人们对医院后勤服务质量层次的诉求指数也在不断攀升，创建一流现代化研究型医院后勤，势在必行。

创建一流现代化研究型医院必须有与之相适应、相匹配的后勤保障系统。这是创建研究型医院的重要内容和题中应有之意。本文试就创建一流现代化研究型医院后勤作一粗浅探讨。

一、一流现代化研究型医院后勤的主要特征指数

1.建立一流的生态宜人院区。积极推广使用绿色环保技术，创建空气清新、水质洁净、噪声较低、环境优美、适于休养的生态营区；建设规划高端、布局合理、设施完备、功能先进的现代化医疗楼群；建立人、车、物精确分流、运转顺畅的现代化立体交通网络，达到功能分区科学化，建筑设计人性化，室外环境园林化，资源利用生态化，能源利用高效化，环境质量洁净化。

2.建立一流的生活保障体系。整合经费、物资、基建、营房、水电、通信、车辆、饮食、保安、保洁等资源，建立一体化综合服务保障体系，实现一条龙、一体化跟进保障、超前保障、主动保障，达到服务精细化、规范化、超值化、个性化、温馨化。

3.建立一流的后勤管理平台。构建信息化服务保障平台，形成资金流、物资流和信息流“三维一体”的可视化管理体系；拓展网上报账、派车、订餐、报修、物资申领、查询等“一站式”服务功能，实现全员额、全方位、全时段服务和管控。

4.建立一流的经济保障秩序。加强经费预算、资金运行、成本核算、实物资产、节能降耗等环节管理，优化拓展增资增效渠道，建立院级核算月报制，严格医院经济内控制度，积极改革物资采购模式，构筑经济免疫系统，保证核算、监督、控制到位。

5.建立一流的安全应急机制。建立全天候预警机制，实现警卫、

巡逻、治安、消防、联防一体化管控，确保政治安全、医疗安全、行政安全、信息安全、资金安全、警卫安全。

6.建立一流的成长成才环境。构建学习型、研究型、进取型、谋略型的“四型”机关，完善选拔、培训、晋升和竞争激励机制，建设一支以“管理型”人才为主导，“参谋型”人才为主体，“专家型”人才为领衔，“技能型”人才为基础，政治思想好、谋划能力强、业务技术精、工作作风正的后勤保障队伍。

二、实践路径

路径一：建设学习创新型后勤。

推进后勤发展，提高后勤核心保障力，必须具有科学超前的发展理念和不竭的发展动力。只有学习才能改变理念，只有改变理念才能催生创新，只有催生创新才能实现后勤新发展。

树立四种理念。一是树立核心价值理念。认真践行“机关围着基层转，基层围着临床转，让工休人员对我们工作由满意到感动”的理念，大力树立弘扬后勤先进典型，积极打造独具医院特色、社会认可度高、工休人员欢迎的拳头产品和服务品牌，增强发展新动力。二是树立科学管理理念。切实转变传统的人力密集型、数量规模型的管理模式，创新后勤管理体制机制的方法手段，实现后勤经验管理向科学管理的转变，使保障效益最佳和保障能力最大化。三是树立安全发展理念。牢固树立“大安全”战略，正确处理技防和人防、保障与管理、封闭与开放的关系，建立健全符合医院特点的安全长效机制，确保医院现代后勤稳步高效前行。四是树立绿色人文理念。积极开发绿色环保资源，大力推广污染控制技术、生态恢复技术、资源节约技术和卫生清洁技术，建设绿色生态医院建筑，加强院区绿化美化和景观设计，实现生态资源良性循环，人与自然、医院与周围的和谐共存。

加强三种创新。一是机制创新。在决策机制上，成立后勤智能咨询机构，推进后勤专业首席专家制；在领导机制上，推行值班干部领导行政后勤查房制度，实行属地化管理；在制度机制上，实行各类听证制度，优化问责制和零缺陷保障机制；在工作机制上，严格党委会、办公会制度，落实周交班、月考核、季讲评制度；在激励机制上，实施晋职晋级、奖励量化制度，以绩交论优劣，凭实绩求进步。二是质量创新。在财务管理上，建立大财务管理上，建立大财务和集中支付中心，实施资产挂帐、成本核算等管理，提高经费使用管理效益。在军需管理上，按照星级宾馆服务流程标准，规范服务行为；推行价格听证、网上公示制度，副食品采取集中采购、统一加工配送等方式，降低成本，提高饮食保障质量。在营房管理上，推行工程质量"缺陷化"管理，以新建楼宇为独立保障单元，成立物管部，实行营房维保四级巡查制度；确保人员、设备时刻处于良性运转状态。三是手段创新。在后勤保障模式上，变被动保障为主动保障，变固定式保障为巡视式保障，变多头保障为一站式保障，做到临床需要什么就保障什么，什么时间需要就什么时间保障。在后勤管理手段上，实行首办负责制、部处队班巡视检查制、实行经济风险等级预警制，目标管理考评制，使人人有目标，事事有标准，级级有责任。

路径二：建设服务精细型后勤。

服务是后勤的核心基础，整合后勤资源，提供精致高效服务，满足工休人员需求，是加强服务精细型后勤建设，体现以人为本、适应后勤发展变化的必然选择。

大力推行保障一体化。打破传统的行政单位条块分割，整合供应、运输、维修、服务等专业保障力量按需结合，成立后勤综合服务保障受理中心，为工休人员提供日常和应急保障服务，实现服务对象一个电话，各种需求“一站式”解决；建立物资采购配送中心，对后勤设备耗材及通用物资，实行集中招标采购和统一配送；建立营养膳食中心，统一物资采购、膳食标准、配餐流程，提高饮食保障规模效益。

积极实施保障精细化。推行预约服务、上门服务、跟进服务模式；车辆使用由“预约申请”变为“全时保障”；为空巢、遗属、生病的专家教授家庭提供义工服务；为住院病人免费提供收发邮件服务；实行全天候流动餐厅服务，开设低价窗口，实现随需随保障；按照国际通行标准，设计制作适应不同病区、职业、性别、季节需要的人性化系列服装；建立病人综合服务区，设立咖啡厅、餐点部、超市、阅览室和理发室；建成集养殖、种植、休养休闲于一体的涿州生活保障基地，加大土地征管力度，启动安居工程，满足工休人员生活需求。

深入拓展保障社会化。推行企业化经营模式，经费来源由预算投入向经营取费转型，饮食、商业等经营型保障实行全成本经营，营房维修等服务型保障实行计价式有偿服务，人力、物力消耗纳入运营成本。加快资金引进、物流配送、信息咨询、人才培养、装备研发等领域的军地融合，实施规模化集约化连锁保障；建设集银行、邮局、餐饮、商业等服务的“生活一条街”；强化社会化监管力度，建立管理与保障相互独立、相互监督的长效机制。

路径三：建设智能信息型后勤。

广泛利用信息化技术，建立全维感知、实时处理、瞬息传输、彼此交融的后勤信息网络，为提高后勤保障能力提供高位平台。

实现后勤需求实时可知。整合各单位各部门信息系统建立集信息发布、收集、检查、评估等功能一体的后勤综合服务信息平台，实现网上报账、派车、报修申领、订餐服务、工资查询等“一站式”服务；完善后勤信息档案系统，对后勤人员、设备物资、固定资产、服务对象、组织结构等信息，实时反映需求信息，实施超前保障。

建立后勤资源实时可视。完善后勤各专业信息管理系统，扩大后勤保障体系与医疗需求信息对称范围；开发营养膳食管理系统，建立生活消费“一卡通”系统，实行院内就餐、购物、通信、收视、水电气暖等“一卡式”消费；研发引进现代营房管理系统，实现住房、管网、线路数字化管理和虚拟仿真；安装公车GPS定位系统，随时监控车辆安全运行状况。

实行后勤活动实时可控。建立医院安全监控和管理指挥网络，对营院、楼宇、重点设备和要害部位，安装视频监控和指挥呼叫系统，实现统一监控和信息共享，提高检查和指挥保障质量；整合门禁、工作证、探视证、停车证等管理系统，实现管理“一卡通”，规范营院管理秩序。

路径四：建设管理科学型后勤。

后勤管理科学、到位，是破解发展难题，少走弯路，实现精确化、可视化、智能化后勤的重要保证。

行政安全推行网格化管理。建成立体交通主干网络，形成由楼顶停机坪、地面道路、地下通道构成的立体交通可视网络；以楼宇为管理单位，完善“三分三保”责任制，对范围内的人、财、物实施可视化行为控制。对各类聘用人员实行连、排、班建制，实施准军事化管理，使“进、管、出”各个环节有章可循。

经费物资实行闭环式管理。加强清产核资，构建以经费为龙头统一管理，药品、器械、营房、计算机室等职能部门归口管理，临床科室属地管理的“三级管理体制”；建立全院资产网络账，推行条码化管理，高值耗材“一物一码”、普通物资“一类一码”，把住入库、出库、使用、结算等关口，实现资产生命周期和使用状态的全程管控。对大型设备采购，实行经济可行性论证；对大宗物资采购，科学测算采购额度，避免盲目采购，提高资产使用效益。

工程建设实施模块化管理。按照“高起点规划、高水平设计、高质量管理”的原则，抓好重点工程建设，运用WBS目标分解原理，将所有在建项目视为单一整体工程，合并同类项，按建设程序、专业类别划分成规划报批、方案设计、土建装修、给水排水、暖通空调、强电弱电、智能化信息化等若干管理模块，并将质量、工期、造价、安全等工程管理目标分解到每个功能模块，对应各模块配备相对固定的管理人员，组建模块管理班子，最大限度整合基建人力资源，提高工程管理效能。

路径五：建设节约效益型后勤。

科学统筹使用资源，发挥资源利用最大化。

大力推行成本核算。实行军队会计核算系统与军队医院会计核算系统并行记账方式。进一步细化成本核算项目和核算单元，完善医院经济运行效益方案，加强资产管控，积极发挥存量资产的效益最大化。扩大标准化供应范围，积极探索集供应、消耗、管理于一体的后勤标准体系，解决保障不计成本，花钱不讲效益，高投入低产出、高成本低效率问题。

努力打造节能建筑。大力推广使用低碳化环保技术、节能减排技术，以医疗楼、办公楼新建和改造项目的设计方案进行节能综合评审，环保建筑材料采用率达80%，实施医院供热、供水、供电、供气计量，使用或更换节能设施设备，防止有效资源的“跑、冒、滴、漏”，节约医院投资和运行成本。

积极压缩成本开支。严格落实工程造价管控措施，推行合同动态管理和概算滚动控制，建立财务联审和物财监管制度，凡未经财务联审的项目，一律不予招标、立项、审签、报批、报销、转账和执行。推行无纸化办公、网上审领、审批办公，最大限度地压缩成本，节约资源。

合作者：张光辉、王会浦，2010年10月获全军、武警总医院院务工作学术研讨会优秀论文，收入本书时做部分修改。

后记

当我将过去零散发表的文章集到一起时，蓦然之间，体味到了时光的飞逝与积累的珍贵。

一位哲人说过，人的思想是万物之因。播下一个行动，收获一种习惯；播下一种习惯，收获一种性格；播下一种性格，收获一种命运。

喜欢思考和动笔的习惯，是在军营播下的。从战士到干部，从基层到机关，从军事干部、后勤干部到政治干部，从作战部队到后勤部队，在我的成长历程中，部队生活锤炼了我，各级领导培养了我，很多战友帮助了我。

记得自己所写的东西第一次变成铅字，是1985年8月在《记者与作家》上发表的一首小诗。从此，断断续续，不断有更多的东西变成铅字了。

把过去这些粗浅的、零散的“思想”串起来，主要是向有识之士求教，与读者朋友交流。正如英国作家萧伯纳所说，如果你有一个苹果，我有一个苹果，彼此交换，每人只有一个苹果；如果你有一个思想，我有一个思想，彼此交换，每人就有两个思想，甚至更多思想。对我个人来说，收集整理这些文章，是一次再学习、再思考，对今后的工作学习也是一种鞭策和激励。

书中的文章大多曾发表过，有的还获了奖，按内容大体分为四部分：一是有关国际战略方面的研究思考，二是关于领导艺术方面的一些话题，三是修养励志方面的一些感悟，四是工作实践中对某一问题的探讨。放在今天这个“篮子”里，尽管算是一本书，但还是很粗浅，还有许多不尽人意之处。之所以将书名取为“思想的印痕”，是因为感觉自己的思考还不够深刻。敬请读者朋友们多多指教。

非常感谢总后勤部、沈阳军区、国防大学、解放军报社、西安政治学院、解放军总医院等单位的领导、老师、同学和朋友对本书出版中所给予的赐教、支持和帮助。特别是著名国家安全战略专家、国防大学教授金一南在百忙之中作序，著名书法家、中国人民革命军事博物馆书画研究院副院长李洪海欣然题写书名，辽宁省军区政治部主任康晓晖、解放军报社评论部副主任何鸣鸿、沈阳军区专业作家栾人学提出中肯意见，军旅作家、解放军出版社资深编辑兰草友情作文字审校，解放军出版社美编闫可钦精心设计封面，吉林省委机关印刷厂厂长鲁庆生鼎力支持，本书责编、国防大学出版社编辑林能纯认真负责。这种帮助感人至深，这种情谊弥足珍贵，我全部铭记在心。

刘兴亮

2011年2月于北京